우주에는
환상적인 사실과 숫자들이
날뛰고 있어! ❶

No Way! The Wildest Mind-Blowing Facts in the Universe
by Dan Marshall
First published by Pantera Press Pty Limited.
Copyright ⓒ 2021
All rights reserved.
This Korean edition was published by to EK BOOK, INC., in 2023
under license from Pantera Press Pty Limited
arranged through Hobak Agency.

이 책은 호박 에이전시(Hobak Agency)를 통한 저작권자와의 독점계약으로 이케이북㈜에서 출간되었습니다.
저작권법에 의해 한국 내에서 보호를 받는 저작물이므로 무단 전재와 복제를 금합니다.

우주에는 환상적인 사실과 숫자들이 날뛰고 있어!

댄 마샬 지음 · 김지원 옮김

① 우주와 지구

이케이북

반가워

모두 반가워,

내 이름은 클라우스야.
지식 교육 및 설명 시스템이지.
네가 이 책을 들고서
짜릿한 여행을 떠나기로 결심해서
난 정말이지 굉장히 기뻐!

이 책에는 우리 주변의
기이하고 경이로운 세상에 관한
놀라운 사실들이 굉장히 많아.
너에게 이 사실들을 알려주고,
또 네가 다른 사람들에게 이런 걸 알려주길
난 굉장히 기대하고 있어!
서로 나눈다는 건 애정의 표현이거든.

네가 흥미진진하고 새로운 사실들을
머릿속에 가득 집어넣기 위해서는
뇌를 열심히 혹사하는
꽤나 힘든 작업이 필요할 거야.
하지만
생각보다 흥미로울 거고
네가 이 우주를 탐험할 동안
내가 항상 옆에서 도와줄 거야!

좋았어, 이제 가보자!

차례

반가워
4

**1부
우주**

- 우리은하는 거의 우주 그 자체만큼 오래됐어 **12**
- 우리은하 중심에는 우리의 태양보다 질량이 400만 배 무거운 블랙홀이 있어 **14**
- 오스트레일리아 사람들한테는 달이 거꾸로 보여 **16**
- 빛이 태양의 중심에서 표면까지 나오는 데는 20만 년이 걸리지만 지구에 있는 우리에게 오는 데는 8분이면 충분해 **18**
- NASA의 우주 왕복선은 세계 최초의 재활용 우주선이야 **20**
- 우주에 있으면 지구에 있는 사람들보다 나이를 천천히 먹어 **22**
- 달에도 달이 있을까? **24**
- 다른 행성에서는 얼마나 높이 뛸 수 있을까? **26**
- 우리 태양계에는 밝혀지지 않은 아홉째 행성이 있을지도 몰라 **28**

- 화성에도 한때 물이랑 두꺼운 대기가 존재했어. 바로 지구처럼! 30
- 우리 태양계의 행성들은 지구에서 달 사이의 거리에 전부 들어가 32
- 우리가 아직 보지 못한 빛도 있어 34
- 달에 착륙하느라 400만 년 치의 일을 했어 36
- 소행성대는 아주 외로운 곳이야 38
- 심우주에서 누군가가 지구로 신호를 보내고 있어 40
- 천왕성은 우주로 기체를 내뿜어 42
- 우주에서 가장 큰 다이아몬드 중 하나는 별이야 44
- 행성에 내리는 비는 진짜 이상해 46

2부 지구

- 지구는 점점 느려지고 있어 50
- 지구는 둥글지 않아 52
- 지구에는 3조 그루의 나무가 있어 54
- 우리는 공룡들이 마셨던 것과 같은 물을 마시고 있어 56
- 지구에는 육지보다 국제 우주 정거장에 더 가까운 지역이 있어 58
- 뭉게구름의 무게는 50만 킬로그램이야 60
- 아마존강엔 다리가 없어 62
- 구상 번개가 집 안으로 불쑥 들어올 수도 있어 64
- 이 원 안에 사는 사람 수가 원 바깥에 사는 사람 수보다 더 많아 66

찾아보기
86

잘 가
88

- 인간은 지구 역사에서 1%도 안 되는 기간만 존재했어 68
- 지구상에 존재했던 모든 생명체의 99.9%는 현재 멸종했어 70
- 지구가 사과라면, 우리는 아직 껍질까지만 도달했어 72
- 마리아나 해구는 에베레스트산 높이보다 더 깊어 74
- 지구는 한때 눈덩이였어 76
- 지구에서 가장 큰 생명체는 버섯이야 78
- 존재하지 않는 나라도 있어 80
- 지구는 우리처럼 살아 있는지도 몰라 82
- 우주에서 지구를 보면 네 생각은 완전히 바뀔 거야 84

1부 우주

우주

우리은하는 거의 우주 그 자체만큼 오래됐어

우리가 집이라고 부르는 나선형 은하인 우리은하는 굉장히 오래됐어. 거의 우주만큼이나 나이가 많아! 우주의 나이는 137억 살 정도고, 우리은하는 대략 136억 살 정도(여기서 8억 살쯤 차이가 날 수 있어)야. 우리은하는 오래되었을 뿐만 아니라 어마어마하게 커서 지름이 무려 10만 광년이나 돼. 쉬운 말로 표현해볼까? 1,000,000,000,000,000,000킬로미터야!

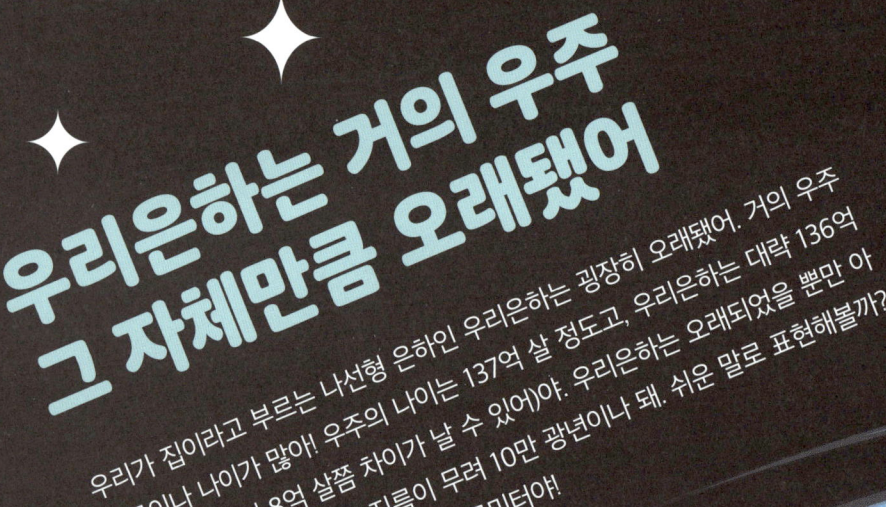

1조가 얼마나 큰 숫자인지 잠깐 상상해봐. 1 뒤에 0이 12개나 붙어 있어. 1,000,000,000,000이야.

병 안에서는 병의 라벨을 읽을 수 없어

우리가 본 우리은하 사진은 모두 화가가 상상해서 그린 거야. 왜냐하면 우리는 우리은하 안에 있기 때문에 실제로 우리은하 위쪽에서 사진을 찍을 수가 없거든. 그건 마치 침실 안에 앉아서 집 사진을 찍으려고 하는 거랑 비슷하게 불가능한 일이야.

먹방의 최강자

예쁜 겉모습에 속지 마.
우리은하는 야만적이야!
우리은하는 엄청 굶주려서 다른 조그만
은하가 너무 가까이 다가오면
그걸 조각조각 찢어서
그 안의 별과 기체들을 쪼옥 빨아먹어.
잘 먹었습니다, 꺼억!

우리은하에는 4000억 개의 별이 있어

지구의 어디서든 밤하늘을 볼 때 우리 눈에는 최대 2500개 정도의 별이 보여. 하지만 우리은하에는 실제로는 1000~4000억 개의 별이 있지. 우리 머리 위에 보이는 것은 그 수많은 별 중에서 아주 일부분이야. 4000억만 해도 엄청난 숫자 같지만, 과학자들은 별이 1조 개 넘게 있는 대형 은하들도 있다고 추측해. IC 1101이라는 가장 큰 은하는 별이 100조 개가 넘는대. 말이 돼?

우주

우리은하 중심에는 우리의 태양보다 질량이 400만 배 무거운 블랙홀이 있어

블랙홀은 중력이 굉장히 강해서 모든 물질을 끌어들이는 우주의 공간이야. 이 강한 중력 때문에 블랙홀 안에서는 아무것도, 심지어는 빛도 빠져나갈 수가 없어. 우리은하 중심에 있는 블랙홀은 중력으로 만들어진 괴물이야. 중력이 엄청나게 커서 사실 초거대 질량 블랙홀이라고 부르지. 블랙홀에서는 빛도 빠져나오지 못해서 이 슈퍼 블랙홀을 눈으로 볼 수는 없지만, 가까이 다가간 별들에서 물질이 빨려 들어가는 모습을 확인할 수 있어.

블랙홀은 무우우우우우지 많아

과학자들이 그러는데, 우리은하에는 1억 개가 넘는 블랙홀이 있고, 중심부에는 초거대 질량 블랙홀이라는 괴물까지 있대. 우주에 있는 2000억 개에서 2조 개 사이쯤 되는 다른 은하들까지 생각하면 블랙홀이 몇 개인지 다 세는 건 불가능한 일이야!

블랙홀의 모양과 크기

블랙홀의 크기는 네 종류야. 마이크로 블랙홀, 항성 블랙홀, 중간 질량 블랙홀, 초거대 질량 블랙홀이지. 초거대 질량 블랙홀과 항성 블랙홀이 어떻게 만들어졌는지는 아직도 잘 모르지만, 중간 질량 블랙홀은 별이 죽을 때 굉장히 밝은 초신성이 되었다가 안쪽으로 붕괴하면서 만들어져.

마이크로 블랙홀 이건 과학자들이 확인하지 못해서 이론상으로만 존재해. 과학자들은 우주가 아주아주 젊을 때 마이크로 블랙홀이 생겼을 거라고 생각해.

항성 블랙홀 가장 흔한 블랙홀이고 별이 삶의 마지막에 붕괴되면서 만들어져.

중간 질량 블랙홀 이론상으로는 우주에서 중간 정도 무게이고, 태양 질량의 100배에서 100만 배 사이 정도야.

초거대 질량 블랙홀 은하의 중심에 있는 이 블랙홀은 질량이 태양의 수백만 배에서 수십 억 배 사이쯤 돼.

기묘한 과학적 사실

블랙홀 주위에서는 엄청 이상한 일이 일어나. 중력 때문에 블랙홀은 보이지 않을 뿐만 아니라 그 힘도 굉장히 강해서 시간도 느려져! 혹시라도 블랙홀 근처에 가게 된다면, 시공이 우리 주위에서 휘어져서 물리학 법칙이 엉망진창이 될 거야!

2019년에 역사적인 일이 일어났어. 최초로 블랙홀 사진을 찍은 거야! 음, 사실은 사진 비슷한 거지만 말이야. 우리는 이 우주 괴물을 제대로 볼 수 없지만, 그 가장자리는 볼 수 있어. 이걸 사건의 지평선이라고 하는데, 그 너머로는 블랙홀의 모습이 우리 시야에서 완전히 사라져.

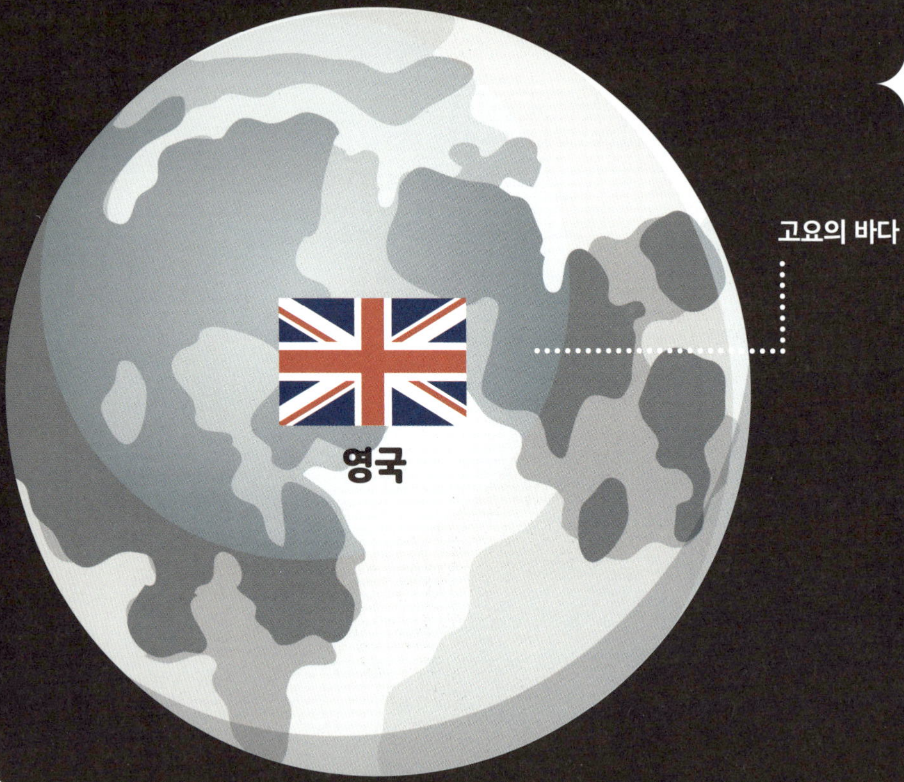

우주

고요의 바다

영국

오스트레일리아 사람들한테는 달이 거꾸로 보여

세상 어디에 있든 지구라는 행성 위에 사는 모든 사람은 언제나 달의 같은 면만 보게 돼. 달이 축을 기준으로 한 바퀴 도는 데 걸리는 시간이 지구의 이쪽 편에서 반대편까지 가는 시간과 똑같거든. 하지만 전 세계 사람들이 전부 달의 같은 면만 보긴 해도, 남반구에 사는 사람에게는 북반구에 사는 사람과 달리 달이 위아래가 거꾸로 된 모양으로 보여.

고요의 바다

오스트레일리아

같이 해볼까?
보름달이 뜨는 날에 밖에 나가서 하늘을 올려다봐. 그리고 달에서 '고요의 바다'를 찾아 종이에 그려봐. 넌 남반구에 있어, 북반구에 있어?

북반구 사람들은
달을 이런 식으로 봐.

위

아래

아래

위

남반구 사람들은
달을 이런 식으로 보고.

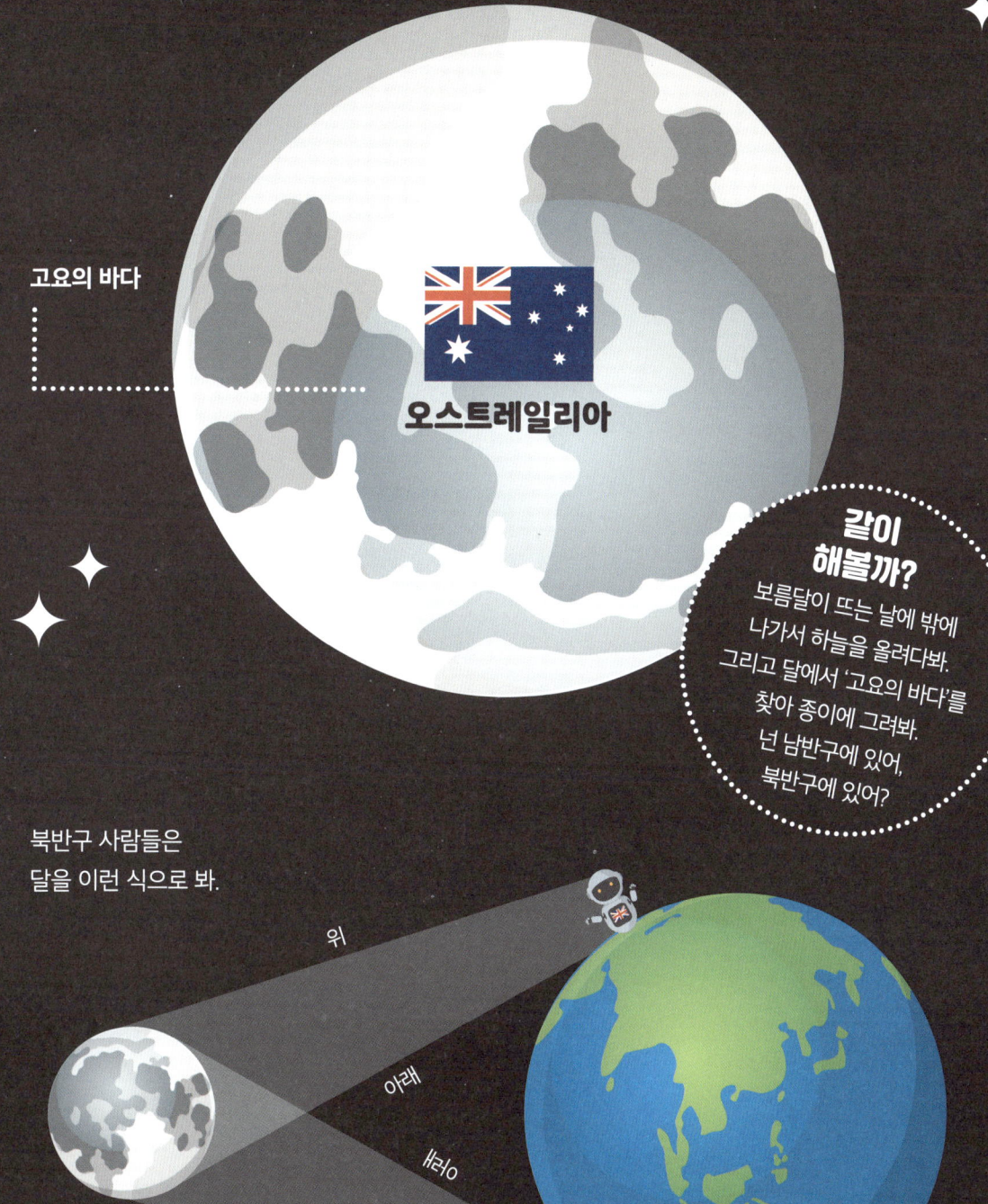

우주

빛이 태양의 중심에서 표면까지 나오는 데는 20만 년이 걸리지만 지구에 있는 우리에게 오는 데는 8분이면 충분해

우리가 지구에서 보는 태양은 실제로는 과거의 모습이야. 정확하게 말하자면 8분 전의 모습이지. 태양에서 지구까지 오는 8분의 여정이 길게 느껴질지도 모르지만, 빛이 태양의 중심부에서 표면까지 도달하는 데 20만 년이 걸리는 걸 생각하면 순식간이야. 태양의 중심부 안에 있는 모든 원자는 서로 꽉 짓눌려 있어서 원자가 표면으로 올라가기가 굉장히 힘들어! 게다가 태양은 엄청나게 커서 지름이 70만 킬로미터나 되거든. 그 안에서 빛이 사방으로 움직이다가 마침내 빠져나온 다음 우주 공간을 지나 지구를 향해서 날아와.

지구에서 달까지 **1.29초**

지구에서 태양까지 **8분**

지구에서 화성까지 **12.7분**

지구에서 목성까지 **43분**

태양은 점점 더 커지고 밝아지고 있어. 언젠가는 지구를 흡수하고 파괴할 거야. 하지만 겁 먹지는 마! 지난 40억 년 동안 태양은 겨우 20% 정도밖에 커지지 않았거든. 아주 뜨거워질 때까지는 아직도 수십억 년이 남았어. 휴우!

우주의 제한 속도

우주에도 제한 속도가 있다는 거 알아? 텅 빈 공간에서 빛의 속도인 초속 30만 킬로미터보다 더 빠른 건 세상에 아무것도 없어.

지구 100만 개

태양은 굉장히 커서 태양계 전체 질량의 99.86%를 차지해. 태양 안에 지구가 100만 개나 들어갈 수 있대!

뜨거운 바나나

태양의 중심부 온도는 섭씨 1500만 도지만, 설령 태양이 바나나로 만들어졌다고 해도 마찬가지로 뜨거울 거야! 태양은 중심부에 질량의 대부분이 몰려 있기 때문에 이렇게 뜨거운 거거든. 이런 고온에서 모든 물질은 플라스마가 돼. 다시 말해서, 이 질량은 어떤 것으로 구성되어도 괜찮고(심지어는 바나나도 괜찮아!), 그래도 여전히 뜨거울 거야. 이 책에서 온도는 우리가 평상시에 쓰는 섭씨 온도로 표시할 거야.

광속 여행

빛의 속도인 광속으로 여행을 할 수 있다면 1초에 지구를 7바퀴 반이나 돌 수 있어. 굉장하지?

우주

NASA의 우주 왕복선은 세계 최초의 재활용 우주선이야

미국 항공 우주국(NASA)이 1981년부터 2011년 사이에 날려 보낸 우주 왕복선들은 그동안 만들어진 우주선 중에서 제일 무겁고 비싼 활공기였어. 이 우주선들은 로켓처럼 지구에서 이륙하지만 돌아올 때는 활공기 같은 방식으로 날아. 30년짜리 프로그램에 드는 총 비용은 무려 2090억 달러였을 거라고 해. 그때까지 사용되고 있는 우주 왕복선이 5대가 있었으니까 왕복선 1대당 420억 달러쯤 든 셈이야.

가장 무거운 우주 왕복선 궤도선은 무게가 8만 700킬로그램인 컬럼비아호야. 아프리카코끼리 13마리랑 거의 같은 무게지. 이 우주선은 135번 발사되면서 위성 같은 무거운 화물들을 우주로 날랐어. 우주 왕복선들의 가장 큰 업적은 국제 우주 정거장(ISS)을 만들 자재와 우주 비행사들을 실어 날랐다는 거야. 이 우주 정거장은 지금까지도 지구 궤도에 떠 있어.

28,000

우주 왕복선은 지구 주위의 궤도를 시속 2만 8000킬로미터로 돌아. 이 속도로 움직이면 승무원들은 해가 뜨는 아름다운 모습이나 해가 지는 눈부신 모습을 45분마다 볼 수 있어.

20,952

지금까지 우주 왕복선 5대가 지구 주위의 궤도를 돈 횟수는 무려 2만 952번이나 된다고 해.

827,000,000

우주 왕복선 5대가 날아다닌 총 거리를 합치면 8억 2700만 킬로미터나 돼. 지구에서 목성까지의 거리보다도 더 멀어!

355

우주 왕복선을 타본 적이 있는 우주 비행사들은 지금까지 355명이야. 16개 나라의 남자 306명과 여자 49명이지.

198,729

우주 왕복선은 우주에서 19만 8729시간을 보냈어.

외부 탱크
발사 과정에서 3개의 주 엔진에 연료를 공급해.

고체 로켓 부스터 (SRB)
발사 과정에서 왕복선 거의 전체를 움직이게 만들어.

궤도선
승무원실과 화물칸, 3개의 주 엔진이 있어.

우주

우주에 있으면 지구에 있는 사람들보다 나이를 천천히 먹어

국제 우주 정거장에 있는 우주 비행사들은 시속 2만 7580킬로미터라는 엄청난 속도로 지구 주위를 돌아. 혹시 그거 알아? 속도가 빨라질수록 시간은 더 느려져! 책 뒤쪽에서 다시 이야기할게. 국제 우주 정거장에서 6개월간 지낸 후에 돌아온 우주 비행사들은 지구에 있는 우리들보다 0.007초만큼 나이를 덜 먹는대. 이 놀라운 현상을 시간 지연이라고 해.

우주 비행사들이 0.007초 더 젊을지 모르지만, 이 사람들의 몸은 지구 주위를 빙빙 도는 동안 노화 과정이 더 빨라져. 중력이 없기 때문에 근육과 뼈가 힘과 질량을 잃거든. 우주 비행사들이 이런 신체적 노화를 줄이는 방법 중 하나는 특수한 운동 기구를 사용하는 거야. 우주에서 둥둥 떠 있는 게 재미있어 보이긴 하지만, 운동도 꼭 해야 해!

마실 수 있겠어?

국제 우주 정거장에서 1년 동안 지내기 위해서는 땀과 소변을 730리터나 마셔야 해. 구역질 나는 얘기 같지만, 우주 비행사들의 체액은 특수 필터를 거쳐 재활용하게 되어 있어. 그래서 8일이 지나면 이 노폐물들이 실제로 우리가 집에서 마시는 물보다 더 깨끗해지지. 꿀꺽꿀꺽!

러시아에서 출발

지구를 떠날 계획이 있다면 우선 러시아어를 배워야 해. 국제 우주 정거장에 가는 사람들 대부분은 러시아 영토를 통해서 가거든.

머나먼 길

인간이 지구에서 제일 멀리 간 거리는 40만 171킬로미터야. 1970년 4월에 NASA의 아폴로 13호 우주선을 탄 승무원들이 달의 반대편을 돌았을 때지.

우주 비행사들한테는 방귀를 뀌는 것도 아주 중요한 일이야. 국제 우주 정거장이랑 거기 있는 우주 비행사들이 입는 우주복에는 특수 필터가 달려 있어서 폭발할 수 있는 가연성 메탄 기체를 제거하게 되어 있거든.

우주

달에도 달이 있을까?

행성은 항성(별) 주위를 돌고, 위성(달)은 행성 주위를 돈다는 건 알지? 그런데 달에 그 주위를 도는 달이 또 있다는 것도 혹시 알아? 아직 실제로 발견하지는 못했지만, 과학자들은 달달moonmoon이라는 게 있을 거라고 생각해. 우리 태양계의 어떤 달들은 진짜 행성만큼이나 크고, 대부분의 행성에는 달이 있으니까!

우리도 날아볼까?

물은 공기보다 밀도가 더 높아서 우리는 물속에서 헤엄을 칠 수 있어. 그래서 이론적으로는 아주 밀도가 높은 공기 속에서는 헤엄을 칠 수 있어야 해. 다시 말해서 날 수 있을 거라는 말이야! 토성의 가장 큰 달인 타이탄은 대기의 밀도가 아주 높고, 중력은 굉장히 약해. 이런 상태에서는 날개를 달고 퍼덕거리면 하늘을 날 수도 있을 거야!

수많은 달들

태양계의 모든 행성 중에서 토성에 달이 제일 많아. 마지막으로 세어봤을 때 토성에는 달이 87개 있었고, 목성이 바로 다음으로 모두 79개의 달이 있었어.

방향을 바꾸는 트리톤

해왕성의 달 중에서 제일 큰 트리톤은 지구의 달만 해. 태양계에서 이 정도 크기의 달 중에서 유일하게 역행 궤도를 따라 돌아. 궤도를 도는 방향이 모행성의 자전 방향과 반대 방향이라는 뜻이야.

219

우리 태양계에 있는 다양한 행성들과 왜행성에 있는 달은 모두 219개야.

달의 용암

목성의 달인 이오에는 화산이 수백 개나 있어. 이오의 중력은 굉장히 약해서 이 화산들이 폭발하면 용암이 하늘로 100킬로미터나 치솟기도 해!

552,894

태양계에는 소행성이 55만 2894개나 있어. 이 소행성들은 대부분 태양 주위를 도는 돌덩어리들이지. 하지만 행성의 중력장에 붙잡혀서 궤도에 끌려 들어가게 되면 이 돌덩이는 달이 돼!

우주

다른 행성에서는 얼마나 높이 뛸 수 있을까?

책을 잠깐 내려놓고 온 힘을 다해서 점프해볼래? 얼마나 높이 뛴 것 같아?

태양계의 다른 행성들은 질량과 중력이 지구와 완전히 달라서 같은 힘으로 뛰어도 결과는 완전히 달라져!

지구에서 0.5미터 점프하면 겨우 1초도 떠 있지 못할 거야.

달의 중력은 지구의 17%밖에 안 돼. 지구에서 점프할 때와 같은 힘으로 뛰면 3미터나 뛸 수 있고, 공중에서 4초쯤 떠 있을 수 있어.

화성은 우리 달보다는 크지만 지구보다는 작고, 중력은 지구의 33% 정도야. 화성에서 점프하면 공중에 1미터나 올라가고 2초 동안 떠 있게 돼.

지구

달

화성

명왕성은 왜행성일 수도 있지만, 그래도 꽤 커! 명왕성의 중력은 지구의 6%밖에 안 돼. 여기서 점프하면 8미터까지 올라가고 9~10초 동안 떠 있을 거야.

토성의 달 엔켈라두스는 지구의 달 지름의 14%밖에 안 돼. 이 달에서 점프하는 건 진짜 멋질 거야. 공중으로 43미터나 떠오를 수 있거든. 꼭 대기까지 올라갔다가 다시 표면으로 내려올 때까지 60초나 걸리기 때문에 나는 기분을 즐길 시간도 충분할 거야.

혜성 67P에서는 점프하지 않는 편이 좋아. 여기서 뛰어오르면 어두운 우주 공간으로 날아가버릴 수 있어. 네 다리 힘만으로도 이 별의 중력장을 벗어날 정도의 점프를 할 수 있거든. 다시 말해서 탈출 속도가 된다는 뜻이야. 잘 가, 바이바이!

탈출 속도는 물체가 행성의 중력의 힘에서 벗어나는 데 필요한 속도야. 지구에서 탈출 속도는 초속 11킬로미터야!

명왕성

엔켈라두스

혜성 67P

우주

한 바퀴 도는 시간

과학자들은 밝혀지지 않은 아홉째 행성이 태양 주위를 한 바퀴 도는 데 1만~2만 년 쯤 걸릴 거라고 추측해. 이 행성은 태양에서 해왕성까지 거리보다 20배 더 떨어져 있을 거고, 해왕성의 공전 주기는 165년 정도거든.

우리 태양계에는 밝혀지지 않은 아홉째 행성이 있을지도 몰라

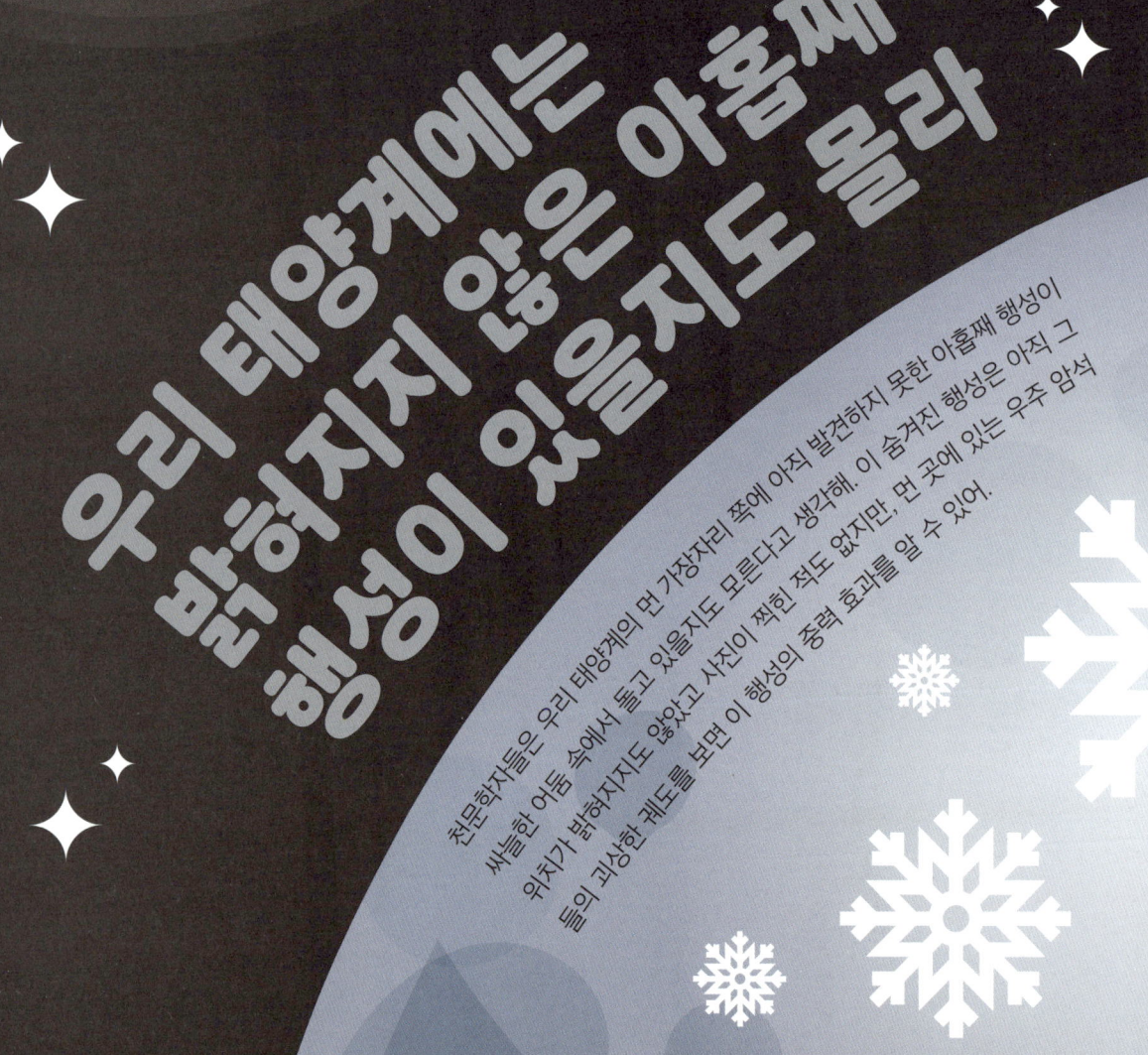

천문학자들은 우리 태양계의 먼 가장자리 쪽에 아직 발견하지 못한 아홉째 행성이 싸늘한 어둠 속에서 돌고 있을지도 모른다고 생각해. 이 숨겨진 행성은 아직 그 위치가 밝혀지지도 않았고 사진이 찍힌 적도 없지만, 먼 곳에 있는 우주 암석들의 괴상한 궤도를 보면 이 행성의 중력 효과를 알 수 있어.

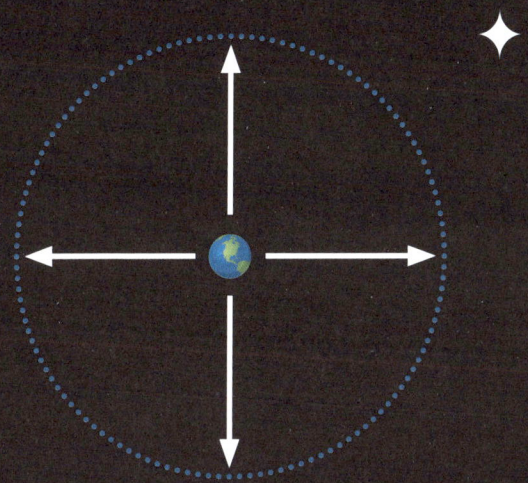

하늘에서 빛나는 네 이름

만약에, 언젠가 얼음 세상인 아홉째 행성이 발견된다면, 제대로 된 이름을 지을 권리는 그 행성을 발견한 사람에게로 돌아가. 행성들은 전통적으로 로마 신화의 신들의 이름을 땄어.

지구의 10배

아홉째 행성은 지구 질량의 10배 정도 될 것 같아. 어쩌면 그보다 더 무거울 수도 있고! 과학자들은 행성의 중력 효과로 추정되는 것의 힘을 바탕으로 이 질량을 계산했어.

같이 해볼까?
새로운 행성을 발견한다면, 이름을 뭐라고 지을래?

얼마나 추울까?

거대 행성은 태양에서 굉장히 멀리 있어서 엄청나게 추울 수밖에 없어. 평균 온도가 아마 뼛속까지 얼어붙는 영하 226도쯤 될 거야.

구석구석 찾기

태양에서 멀리 떨어질수록 그 물체를 탐지하는 건 점점 더 어려워져. 하지만 우린 아홉째 행성을 찾기 위해서 세계에서 가장 강력한 망원경들을 사용하고 있으니까 언젠가는 찾을 수 있을 거야!

어떤 천문학자들은 아홉째 행성이 거대 떠돌이 행성이 아니라 작은 (하지만 엄청나게 힘이 센) 블랙홀일 수도 있다고 생각해. 거의 야구공만큼 작은 블랙홀 말이야.

우주

돌아다니는 로봇

우리가 화성에 관해 얻은 정보는 대부분 그곳을 탐험하고 데이터를 얻기 위해 보낸 로봇들이 전송했어. 화성은 우리의 가장 가까운(겨우 6400만 킬로미터!) 이웃이라서 지구를 제외하면 가장 로봇으로 많이 탐색한 곳이야.

사라진 자석

지구는 힘의 장처럼 행동하는 자기장 보호막에 둘러싸여 있어. 지구와는 다르게 화성은 이런 자기장이 없어서 태양이 행성의 대기 대부분을 벗겨버리고 얼어붙은 지표면을 그냥 노출시켜 자기장이 없으면 태양의 열이 쉽게 빠져나가서, 불타버리고 싸늘해진 행성만 남아. 화성에도 한때 자기장이 있었지만 그게 어떻게 없어졌는지는 아직 미스터리야.

> **같이 해볼까?**
> 지구를 떠나 일곱 달 동안 우주를 여행해서 화성에 가게 된다면 뭘 가지고 갈 거야?

화성에도 한때 물이랑

자기장선 · 자북극 · 자남극

화성 탐사 계획

화성에 로봇들이 안착했고, 언젠가는 인간도 가게 될 거야! NASA는 이미 화성으로 가는 역사적인 여행을 연습하기 위해서 달 착륙 임무를 계획 중이야. 스페이스엑스의 창립자이자 CEO인 일론 머스크는 인류를 화성으로 보낸다는 계획을 선언했고, 이 여행을 위해서 스타십이라고 하는 거대한 우주선을 만들고 있대.

두꺼운 대기가 존재했어. 바로 지구처럼!

나란히 있는 지구와 화성을 지금 보면 한때 화성이 지구의 더 작은 쌍둥이로 여겨졌다는 사실을 믿을 수가 없을 거야. 지금 보이는 녹슨 빨간색이 아니라 한때는 물로 덮여 있었고 심지어는 생명체도 있었대. 정말 놀랍지?

당연히 수십억 년 전의 이야기지만 화성에는 지표면의 바다뿐만 아니라 물이 액체 형태로 있을 정도로 기온을 따뜻하게 유지하는 두꺼운 대기도 있었대. 오늘날 이 물은 다 사라졌고, 극지와 붉은 표면 아래 얼음만 남아 있어.

화성은 산맥과 골짜기, 화산이 있는 행성이야. 화성의 표면은 지구랑 꽤 비슷해 보인다지만, 이 붉은 행성은 상황이 훨씬 더 극단적이야. 화성에서 제일 큰 화산인 올림포스몬스 산은 에베레스트산 높이의 세 배로, 무려 22킬로미터나 돼. 게다가 엄청 넓어서 너비가 624킬로미터에 이르지. 올림포스몬스 산은 굉장히 커서 경사면이 행성 표면이랑 평행할 정도야!

화성에는 또 매리너스 협곡이라는 게 있는데, 이 어마어마한 골짜기는 너비가 4000킬로미터에 달하고 깊이는 7킬로미터 정도야. 미국 그랜드캐니언보다 네 배 더 깊고 다섯 배 더 길어!

우주

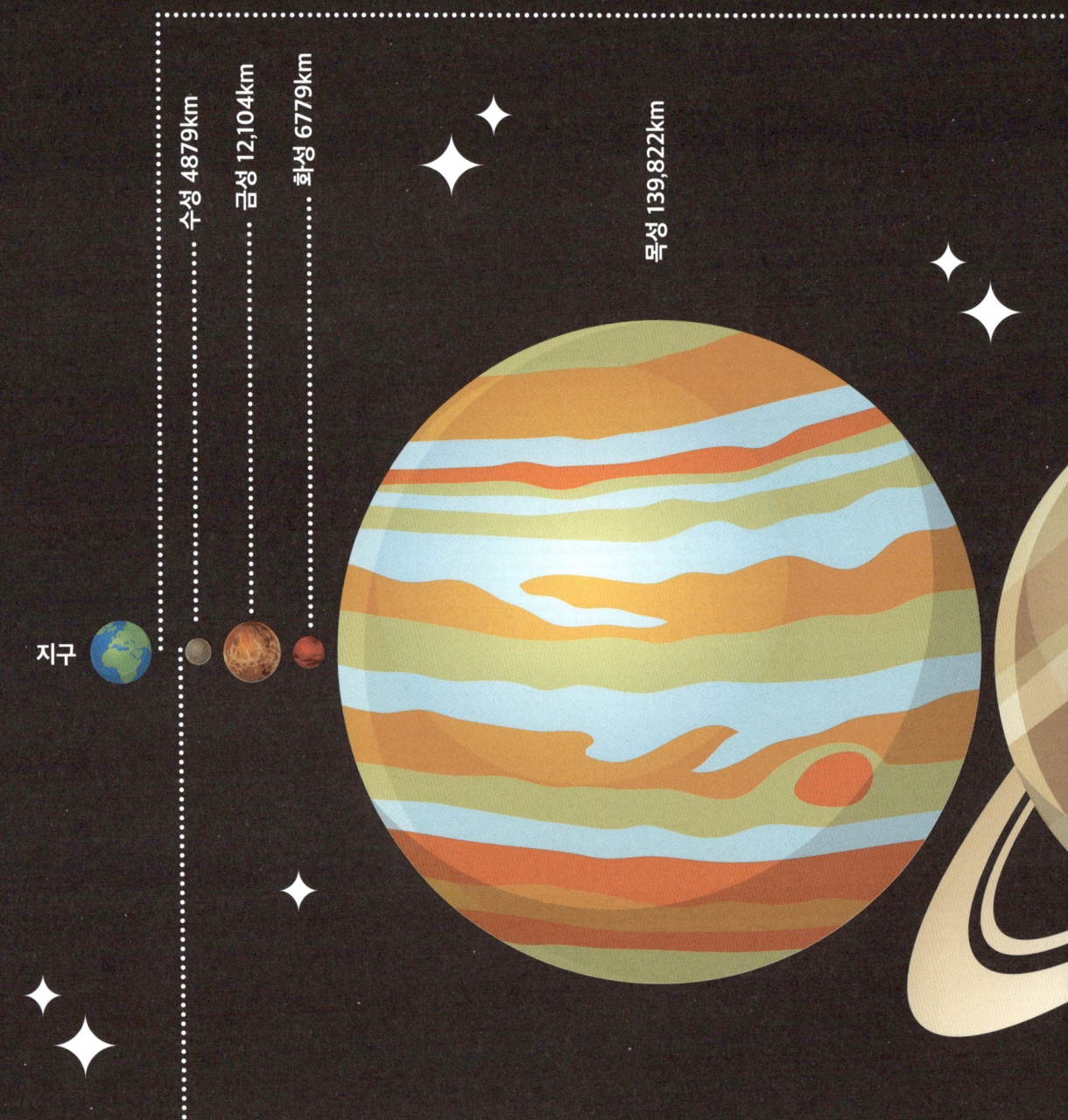

수성 4879km
금성 12,104km
화성 6779km
목성 139,822km
지구

**우리 태양계의 행성들은
지구에서 달 사이의 거리에
전부 들어가**

지구와 달 사이의 평균 거리 384,400km

토성 116,464km

천왕성 50,724km

해왕성 49,244km

 달

수성 + 금성 + 화성 + 목성 + 토성 + 천왕성 + 해왕성의 총 지름 = 380,016km

우리 태양계에 있는 모든 행성의 지름을 다 더하면 (NASA의 측정치를 기준으로 하고, 지구는 빼고) 전부 38만 16킬로미터야. 이 숫자가 굉장히 크게 느껴질 수도 있지만, 실제로는 지구에서 달 사이의 거리보다 작아. 그러니까 모든 행성이 그 사이에 들어가고도 자리가 남는다는 뜻이지!

우주

우리가 아직 보지 못한 빛도 있어

우리가 우주에서 살고 있긴 하지만, 우주에 있는 걸 모두 볼 수는 없어. 왜냐하면 우주는 정말 정말 크거든! 우주는 우리가 상상하는 것보다 훨씬 크고 지구와 행성, 별, 우주, 은하, 심지어는 시간까지도 전부 그 안에 존재해. 우리가 볼 수 있고 지구에서 탐지할 수 있는 우주를 '관측 가능한 우주'라고 하지(가끔은 '알려진 우주'라고도 해). 우리가 볼 수 있는 우주는 조그만 일부분이지만, 그래도 930억 광년이나 돼!

관측 가능한 우주의 가장자리에서 지구까지 날아오는 빛을 통해서 그곳까지의 거리를 측정할 수 있어. 이걸 통해서 우리는 관측 가능한 우주 너머에 다른 뭔가가 있다는 것도 알게 됐어. 거기서 날아오는 빛 중엔 아직 지구에 도착하지 않은 것도 있을 거야. 사실, 빛은 우리가 실제로 볼 수 있는 것보다 훨씬 많이 있어. 알려진 우주 너머에 있는 것들은 언젠가 풀리기를 바라는 우주적 미스터리야.

9,460,000,000,000

할아버지 할머니를 만나러 차를 타고 가는 게 오래 걸린다고 생각한다면, 우주를 가로지르는 여행은 얼마나 오래 걸릴지 생각해봐! 우주는 굉장히 크기 때문에 천문학자들은 물체가 얼마나 멀리 있는지 측정하기 위해 빛의 속도를 이용해. 광년은 빛이 1년 동안 우주를 날아가는 거리고, 이 거리는 무려 9조 4600억 킬로미터야!

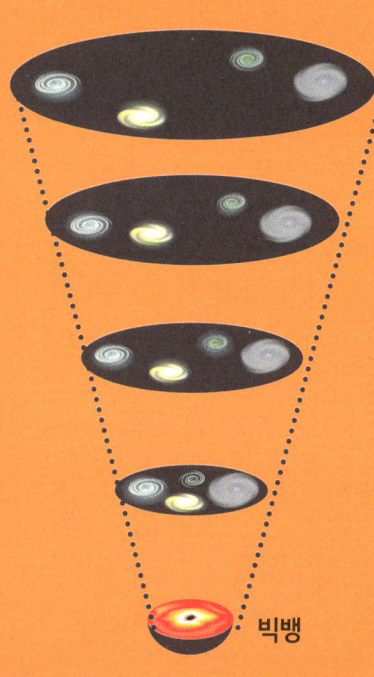

빅뱅

우주가 계속 커지고 있다는 거 알아? 계속 커지고 커지는 중이야. 게다가 그냥 커지기만 하는 게 아니라 엄청나게 빠른 속도로 커지지. 사실, 우주의 가장자리는 빛의 속도보다 빠르게 커지고 있어!

가장 가까운 이웃

우리은하에서 가장 가까운 대형 은하인 안드로메다은하까지의 거리는 21,000,000,000,000,000,000킬로미터야. 0이 진짜 많지? 좀더 쉽게 표현하기 위해서 이 거리를 광년으로 표현하면, 정확히 230만 광년이야! 우리에게서 가장 가까운 이웃 항성은 센타우루스자리 프록시마 별이고, 이건 훨씬 가까워서 거리가 4.3광년밖에 안 돼.

우주

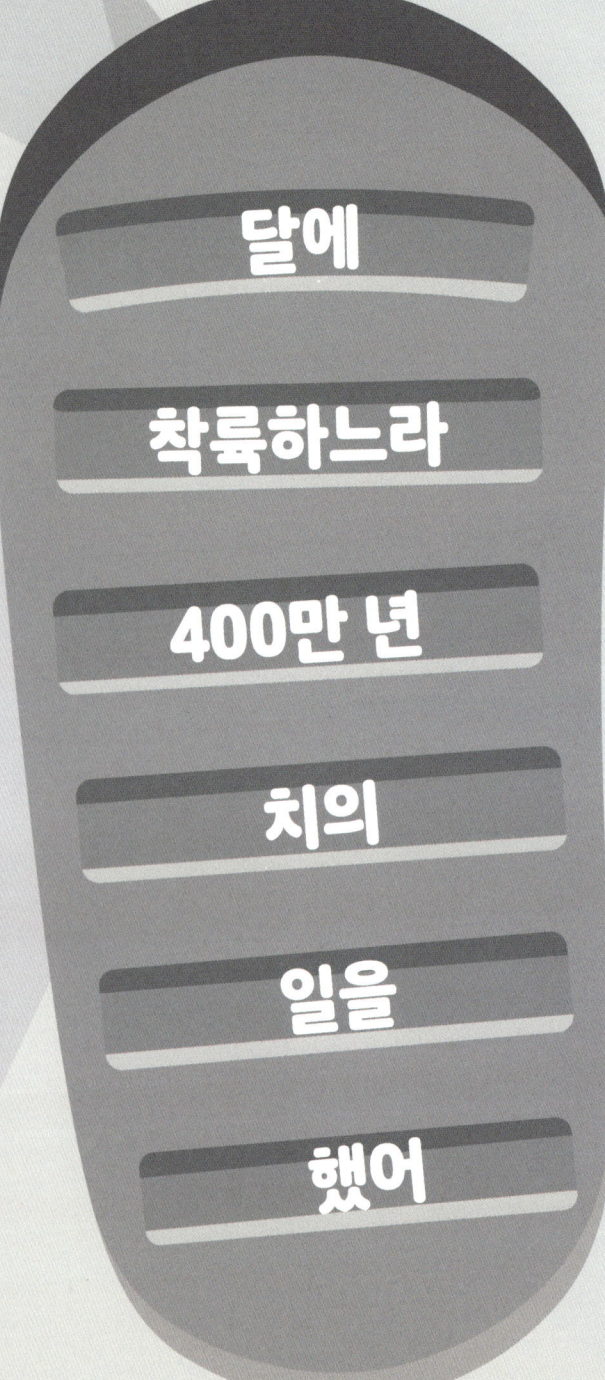

달에 착륙하느라 400만 년 치의 일을 했어

5300만 가구가 흑백 텔레비전으로 달 착륙을 지켜봤어. 전 세계에서 대략 6억 5000만 명의 사람들이 봤다는 거야!

펜은 칼보다 강하다

영광의 착륙을 한 뒤 달을 떠나려고 보니까 아폴로 11호에 있는 스위치가 부서졌어. 우주선의 비행사들이 꼼짝없이 달에 갇힐 상황이었지. 그때 갑자기 아이디어가 떠올랐어. 우주 비행사들은 마커펜을 스위치 구멍에 꽂아서 엔진을 작동시킨 덕분에 모두가 무사히 돌아왔대!

아폴로 11호의 달 착륙을 이룬 건 40만 명의 NASA 직원들이었어. 이 사람들은 달 착륙을 이루기 위해서 10년이 넘게 쉬지 않고 일했지. 인간이 달에 가게 만드는 데 통틀어 400만 년 치의 일과 250억 달러가 든 거야.

아폴로 달착륙선의 별명은 '이글'이었고, 아폴로 11호의 선장인 닐 암스트롱이 조종했어. 암스트롱은 처음에 정해진 착륙 지점을 놓쳤지만, 착륙용 연료가 1분 치도 안 남은 상태에서 다른 착륙 가능 지점을 찾아서 우주선을 내렸어. 아슬아슬했다고!

깃발 꽂기

아폴로 11호 비행사들이 달에 꽂은 첫 번째 깃발은 아마 지금은 거기 없을 거야. 비행사들이 떠날 때 달착륙선의 추진기 때문에 깃발이 쓰러졌거든. 그리고 세월이 흐르는 동안 달의 혹독한 환경 때문에 아마 다 분해됐을 거야.

구리구리 우주선

우주 비행사 3명이 아주 작은 공간에 갇혀 있으면 언제나 냄새가 날 수밖에 없지만, 비행사들이 마시는 물에 있는 수소 방울 때문에 방귀 냄새가 더 지독해졌다고 해. 임무를 수행하는 8일 동안 우주선 안은 진짜 구렸을 거야!

우주

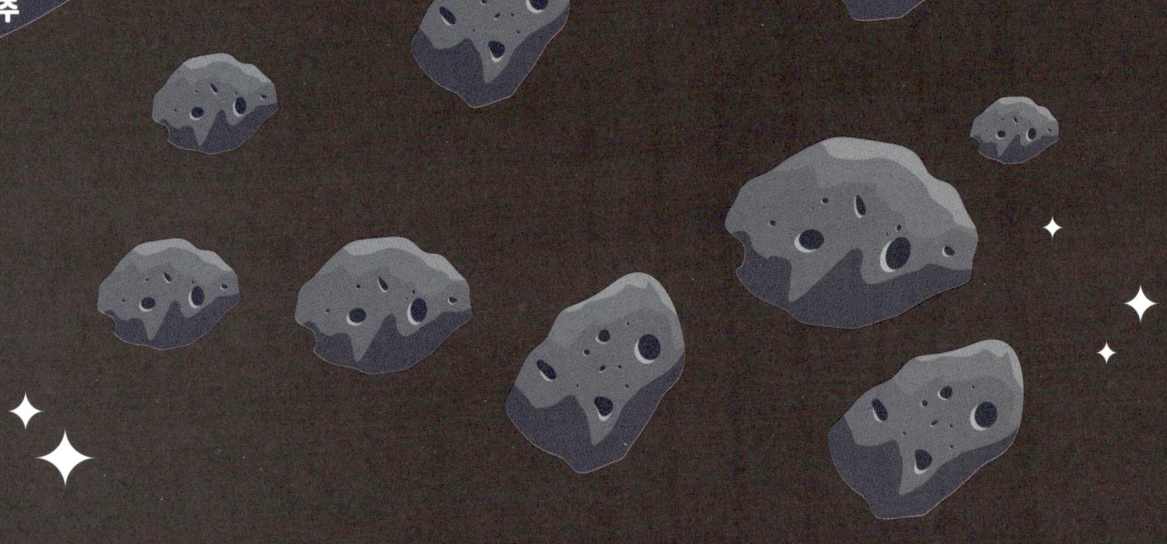

소행성대는
아주 외로운 곳이야

영화에서 우주선이 소행성대를 지나가며 빽빽하게 늘어선 우주의 돌덩이들에 부딪치지 않기 위해서 이리저리 비틀고 돌고 뒤집는 장면을 본 적 있지? 하지만 실제로 소행성대는 굉장히 외롭고 지루한 곳이야. 소행성대에서 2개의 소행성 사이의 평균 거리는 약 96만 6000킬로미터나 되거든. 이건 지구와 달 사이 거리의 2.5배 정도야. 여기에 행성이 몇 개나 들어갈지 한번 상상해봐! 네가 만약에 소행성대에 서 있다면, 네 주위에 있는 건 저 멀리 떠 있는 별들과 시커멓고 텅 빈 우주뿐일 거야.

385,000km
달　　지구
소행성　　　　　　　소행성
966,000km

일당백 소행성들

우리 태양계의 소행성대는 내행성인 화성과 외행성인 목성 사이에 있어. 소행성대에는 소행성이 수십만 개나 있지만, 전체 질량의 거의 절반 정도는 딱 4개의 천체가 차지하고 있지. 3개의 소행성 베스타, 팔라스, 히기에이아와 왜행성 세레스야. 세레스는 지름이 무려 950킬로미터나 돼.

공룡 멸종의 원인

과학자들은 6600만 년 전에 지름 10킬로미터에서 80킬로미터 사이의 소행성이 지구에 충돌해서 공룡이 멸종했다고 해. 칙술루브 충돌구는 멕시코의 유카탄 반도 아래서 발견된 지름 150킬로미터의 충돌 흔적이야. 이 충돌구는 그 대변동의 진원지로 여겨져.

우주

심우주에서 누군가가 지구로 신호를 보내고 있어

5억 광년 떨어진 은하에서 날아온 미스터리에 과학자들이 고개를 갸우뚱거리고 있어. 그 은하에서 지구까지 반복적인 전파 신호를 보내고 있거든. 그런데 우리는 그게 누군지, 왜 보내는 건지 아직까지 전혀 몰라!

아주 오랜 여행

전파는 일종의 전자기 방사선이야. 그 말은 빛의 속도로 날아갈 수 있다는 뜻이지. 하지만 전파라고 해도 우주라는 엄청난 거리를 지나오는 데는 시간이 한참 걸려. 정체불명의 반복 신호는 거의 5억 광년 동안 10^{21}킬로미터의 거리를 날아왔어. 그러니까 신호가 이 여행을 시작한 건 굉장히 오래 전이라서 지구에서는 바다에서 동물들이 막 나타나기 시작한 때야!

FRB 180916.J0158+65

이 복잡한 숫자와 문자로 이루어진 기호는 과학자들이 정체불명의 반복 신호에 붙인 이름이야.

어떤 존재가 이 신호를 보낸 걸까? 중성자별, 별의 병합, 심지어는 블랙홀 등등 여러 가지 주장이 있어. 이 신호랑 이야기할 수 있다면 무얼 물어봐야 좋을까?

폭발 신호가 특이하군

반복되는 정체불명의 신호는 일종의 '빠른 전파 폭발Fast Radio Burst'이야. FRB라고도 해. 이 FRB는 지구에서 전파망원경으로 탐지된 알 수 없는 심우주 신호야. 보통 이런 신호는 딱 한 번만 탐지되고 다시는 나타나지 않거든. 그래서 FRB 180916.J0158+65가 굉장히 특별한 거야! 이건 16.35일마다 규칙적으로 반복되거든. 4일 동안 신호가 매 시간 한두 번씩 방출되었다가 12일 동안 조용해지고, 그다음에 다시 이 주기가 반복돼.

우주

천왕성은 우주로 기체를 내뿜어

정체불명의 힘이 천왕성의 대기를 빨아들여 우주에 내뿜고 있어. 보이저 2호 우주 탐사선이 1986년에 천왕성 옆을 지나쳐갈 때 행성에서 빠져나오면서 일부 대기도 함께 끌고나와서 형성된 거대한 플라스마 거품을 통과했거든. 거대 플라스마 거품은 길이가 20만 킬로미터 정도고 너비는 그 두 배 정도였어. 이 길이는 지구 둘레의 열 배나 돼!

시적인 달의 이름

천왕성의 달 27개는 다른 행성의 달들처럼 그리스-로마 신화에 나오는 인물들이 아니라 윌리엄 셰익스피어와 알렉산더 포프의 작품에 나오는 인물들의 이름을 땄어. 그래서 미란다, 아리엘, 움브리엘, 티타니아, 오베론 같은 이름을 갖고 있지.

천왕성 조지

1781년 윌리엄 허셜은 처음 천왕성을 발견하고서 당시의 왕이었던 조지 3세를 기리는 뜻으로 게오르기움 시두스Georgium Sidus라는 이름을 붙였어. 다른 과학자들은 이 이름을 그리 달가워하지 않았고, 결국 그리스의 하늘의 신 이름을 따서 우라누스라는 이름으로 바뀌었어. 안타까운 일이야. 우라누스라는 이름도 좀 웃기지만, '조지 행성'이라는 이름은 훨씬 더 웃겼을 텐데 말이지!

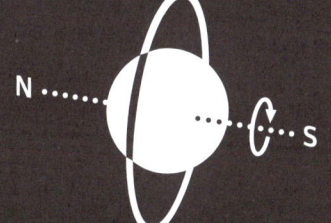

데굴데굴

수십억 년 전에 어떤 커다란 물체가 천왕성에 충돌해서 행성을 옆으로 눕혀버렸어. 그 뒤로 천왕성은 옆으로 누운 상태에서 일어나지 못했지. 옆으로 기울어진 채 우주를 데굴데굴 굴러다니고 있는 거야.

표면이 없어

천왕성에 착륙하는 우주선은 모두 압력과 온도 때문에 부서질 뿐만 아니라 표면에 가까스로 도착한다 해도 착륙할 만한 장소가 전혀 없어! 천왕성은 외태양계에서 온 거대한 얼음 덩어리고, 그래서 표면이 없어. 이 멋지고 이상한 행성의 대부분은 소용돌이치는 유체로 이루어져 있거든!

84년

지구는 태양 주위를 한 바퀴 도는 데 365일이 걸리지만, 천왕성은 똑같은 궤도를 도는 데 그 84배의 시간이 걸려. 그래서 천왕성의 1년은 지구의 84년과 똑같고, 한 계절이 21년 동안 지속돼. 천왕성 특유의 궤도 때문에 태양은 여름 내내 기체로 된 이 거인을 비추고, 겨울에는 내내 완전한 암흑이 돼. 이 말은 천왕성에서는 낮이 21년 동안 지속되고 밤이 또다시 21년 동안 계속된다는 뜻이야! 천왕성에서는 겨우 딱 하루 살고서 42번째 생일을 축하하게 될 수 있어.

우주

우주에서 가장 큰 다이아몬드 중 하나는 별이야

지구에서 50광년 떨어진 곳에 1조의 1조의 100억 캐럿 크기의 고동치는 다이아몬드가 있어. 이건 1 뒤로 동그라미가 34개나 있는 엄청난 숫자야! 이 다이아몬드는 사실 핵연료가 다 소모되어 죽어버린 백색왜성의 결정성 탄소로 이루어진 내부야.

반짝반짝

지구에서 발견된 가장 큰 다이아몬드는 우주에 있는 먼 친척이랑은 비교도 안 돼.

이름	컬리난 다이아몬드	BPM 37093
별명	아프리카의 별	루시
위치	지구	센타우루스 자리
크기	10.1×6.35×5.9cm	지름 7931km
무게	621.35g	$2.188×10^{30}$kg
캐럿	3107	10^{34}
가치	4억 달러	추정 불가

루시

이 왜행성은 공식적으로는 BPM 37093이라고 하지만, 비틀스라는 옛날 밴드의 노래 〈루시 인 더 스카이 위드 다이아몬드Lucy in the sky with Diamonds〉에서 따와서 귀엽게 루시라고도 불러.

가장 단단해

다이아몬드는 우리가 아는 한 자연계에 존재하는 물질 중에서 제일 단단해. 다이아몬드에 흠집을 낼 수 있는 유일한 물질은 다른 다이아몬드야!

우주의 징

이 별은 그 모습뿐만 아니라 소리까지 굉장히 멋져! 계속해서 진동하기 때문에 엄청나게 큰 우주의 징 같은 소리를 내거든. 지이이이잉!

크리스털 구슬

루시의 모습은 태양의 미래라고 할 수 있어. 과학자들은 태양도 50억 년이 지나면 BPM 37093처럼 초신성이 되었다가 다시 20억 년이 지나면 결정화가 되어서 아름다운 다이아몬드로 변할 거라고 해.

우주

행성에 내리는 비는 진짜 이상해

지구에서 내리는 비는 물의 형태인 거 다들 알지?
하지만 태양계의 다른 행성에서는 하늘에서 떨어지는 것들을
우산으로 막을 수 없는 경우가 아주 많아!

지구

토성

목성

지구에서 비는 실제로는 대기 중의 수증기가 응결해서 액체 방울이 된 거야. 이것이 뭉쳐서 무거워지면 중력의 힘을 받아 아래로 떨어지지.

해왕성

과학자들은 토성과 목성, 해왕성의 하늘에서는 조그만 다이아몬드가 떨어질 거라고 생각해! 떠 있는 탄소 원자들이 이 행성들의 엄청 두꺼운 대기를 통과하는 동안 압력을 받아서 조그만 다이아몬드를 만들 거야. 하지만 다이아몬드 비는 지표면에 닿기 전에 이 행성들의 대단히 높은 온도 때문에 녹아서 눈부신 다이아몬드 슬러시로 바뀔 거라고 추측하고 있지.

태양비

태양에도 비가 내린다는 거 알아? 이걸 '코로나 비'라고 해. 태양의 외부 대기 안에 있는 뜨거운 플라스마가 식어서 응축되고, 그다음에 태양 자기장의 인력 때문에 태양 표면으로 다시 떨어지는 현상이야.

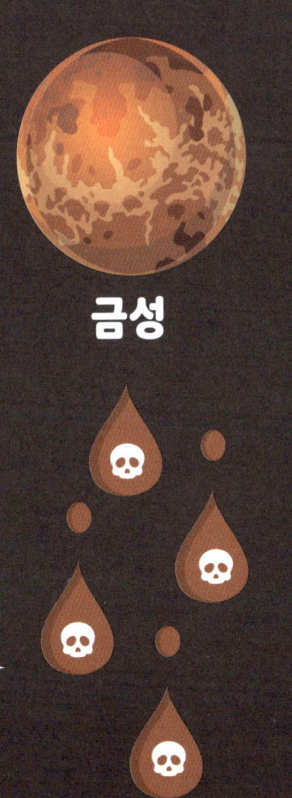

금성

금성의 황산 구름 곁에는 절대로 가면 안 돼. 금성 표면은 굉장히 뜨거워서 이 산성 구름이 지표면에 닿기도 전에 기체로 변해버리거든.

타이탄

타이탄은 토성에서 가장 큰 달이고 기온은 영하 179도야. 기온이 낮아서 타이탄에서는 액체 메탄 비가 내려. 물방울이 지구의 비보다 두 배 정도 크고, 속도는 5분의 1 정도로 느려.

화성

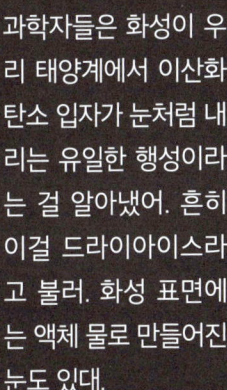

과학자들은 화성이 우리 태양계에서 이산화탄소 입자가 눈처럼 내리는 유일한 행성이라는 걸 알아냈어. 흔히 이걸 드라이아이스라고 불러. 화성 표면에는 액체 물로 만들어진 눈도 있대.

2부 지구

지구

지구는 점점 느려지고 있어

우리 지구는 계속해서 자전하고 있어. 이게 사실인지 확인하고 싶다면, 그저 태양이 하늘에서 위치를 바꾸는 걸 보기만 하면 돼. 사실 태양은 그 자리에 가만히 있고 우리가 움직이고 있는 거거든! 지구는 계속해서 축을 중심으로 회전하고, 23시간 56분마다 한 바퀴를 완전히 돌아. 놀랍게도 우리는 이런 회전을 전혀 느끼지 못해. 우리 주위의 모든 것이 (지구의 대기까지도) 함께 돌고 있기 때문이지! 지구가 갑자기 브레이크를 밟는다면, 우리는 그걸 금세 알게 될 거야. 대기가 원래의 속도로 계속 움직여서 지구 표면에 있는 모든 것을 싹 쓸어버릴 게 분명하니까.

이 모든 정보를 고려하면 지구가 점점 느려지고 있다는 사실이 좀 걱정스러울 거야. 하지만 겁먹을 필요는 없어. 속도는 아주 조금씩 느려질 뿐이야. 이건 달과 조수에 대한 달의 인력 때문이지. 대략 100년마다 하루는 1.4밀리초(또는 1000분의 1.4초)씩 더 길어져. 아직은 시간을 새로 맞출 필요까지는 없어!

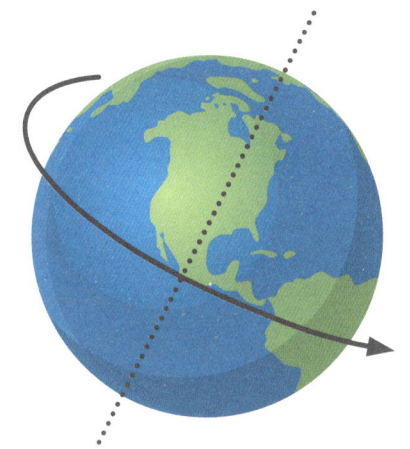

1670km

지구의 적도 부분은 시속 1670킬로미터의 속도로 돌아.

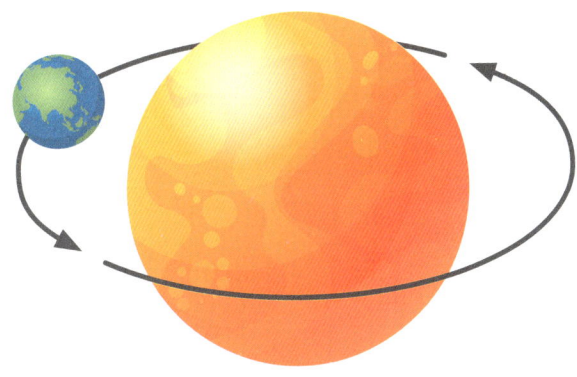

107,226km

지구는 태양의 주위를 시속 10만 7226킬로미터의 속도로 돌아.

지구 궤도에 비하면 거의 그 자리에 있는 셈이긴 하지만, 태양과 태양계도 실은 우리은하의 주위를 시속 72만 킬로미터로 돌고 있어. 하지만 이 어마어마한 속도에도 불구하고 은하를 한 바퀴 다 돌려면 약 2억 3000만 년이 걸리지. 대단히 오래 걸리는 여행이야!

하루 23시간

지구가 무척 천천히 느려지고 있어도 그 모든 시간을 전부 합치면 엄청난 차이가 나게 돼. 공룡이 살던 시절에 지구는 겨우 23시간 만에 한 바퀴를 완전히 돌았어. 그 뒤로 하루가 56분이나 늘어난 거야!

지구

울퉁불퉁

납작한 극지와 뚱뚱하게 불거진 가운데를 제외하면, 지구는 꽤 울퉁불퉁하게 생겼어! 달의 인력 때문에 대륙과 바다가 일그러져서 지구의 모양이 비뚤어지는 거야.

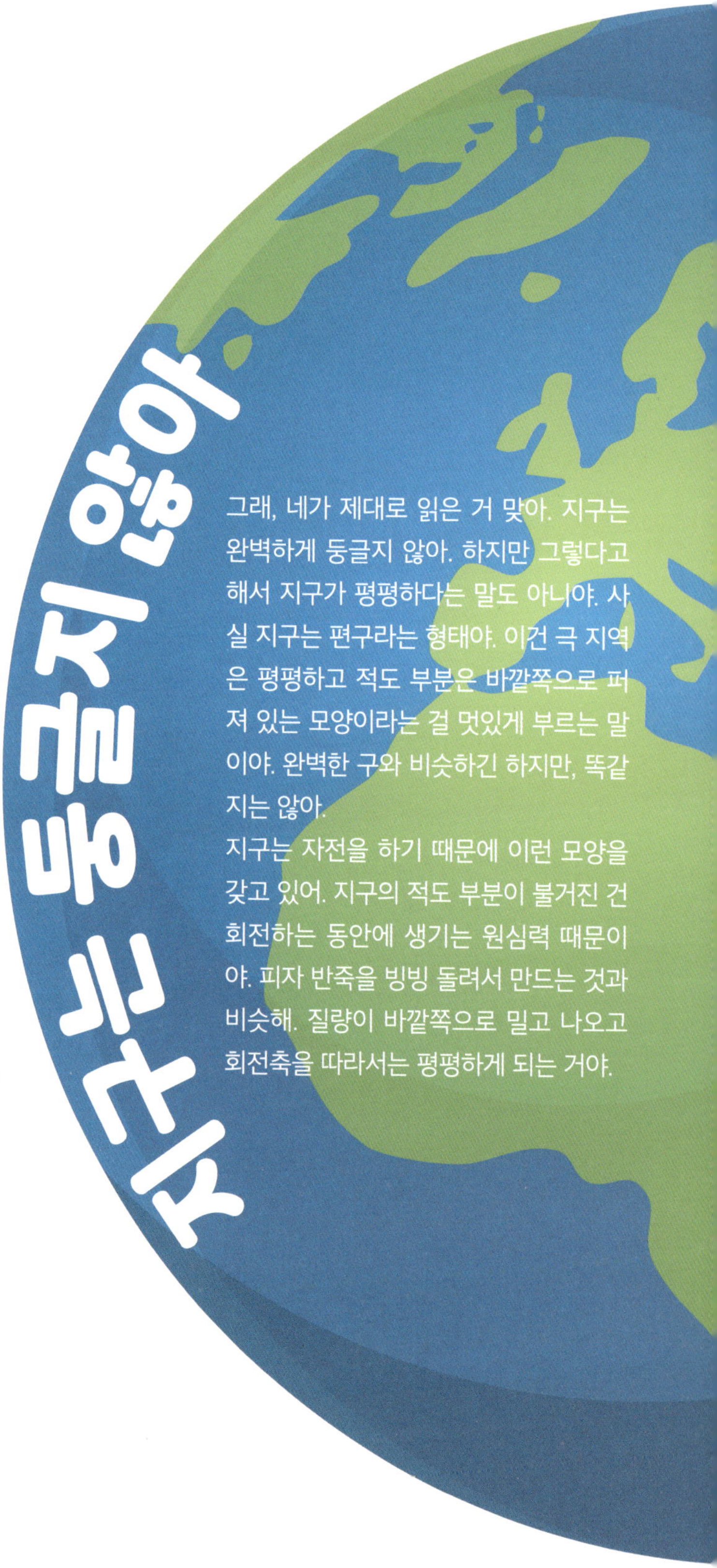

지구는 둥글지 않아

그래, 네가 제대로 읽은 거 맞아. 지구는 완벽하게 둥글지 않아. 하지만 그렇다고 해서 지구가 평평하다는 말도 아니야. 사실 지구는 편구라는 형태야. 이건 극 지역은 평평하고 적도 부분은 바깥쪽으로 퍼져 있는 모양이라는 걸 멋있게 부르는 말이야. 완벽한 구와 비슷하긴 하지만, 똑같지는 않아.

지구는 자전을 하기 때문에 이런 모양을 갖고 있어. 지구의 적도 부분이 불거진 건 회전하는 동안에 생기는 원심력 때문이야. 피자 반죽을 빙빙 돌려서 만드는 것과 비슷해. 질량이 바깥쪽으로 밀고 나오고 회전축을 따라서는 평평하게 되는 거야.

45억 살

지구는 아주아주 오래됐지만, 지구가 얼마나 오래됐는지 계산하는 건 꽤 어려운 일이야. 행성에는 출생 신고서가 없으니까! 지구의 나이를 알아내기 위해서 과학자들은 지구의 지각에 있는 암석과 달에서 가져온 암석, 지구에 떨어진 여러 운석들의 연령을 확인했어. 이걸 통해서 과학자들은 지구의 나이가 45억 4300만 살이라고 계산했대.

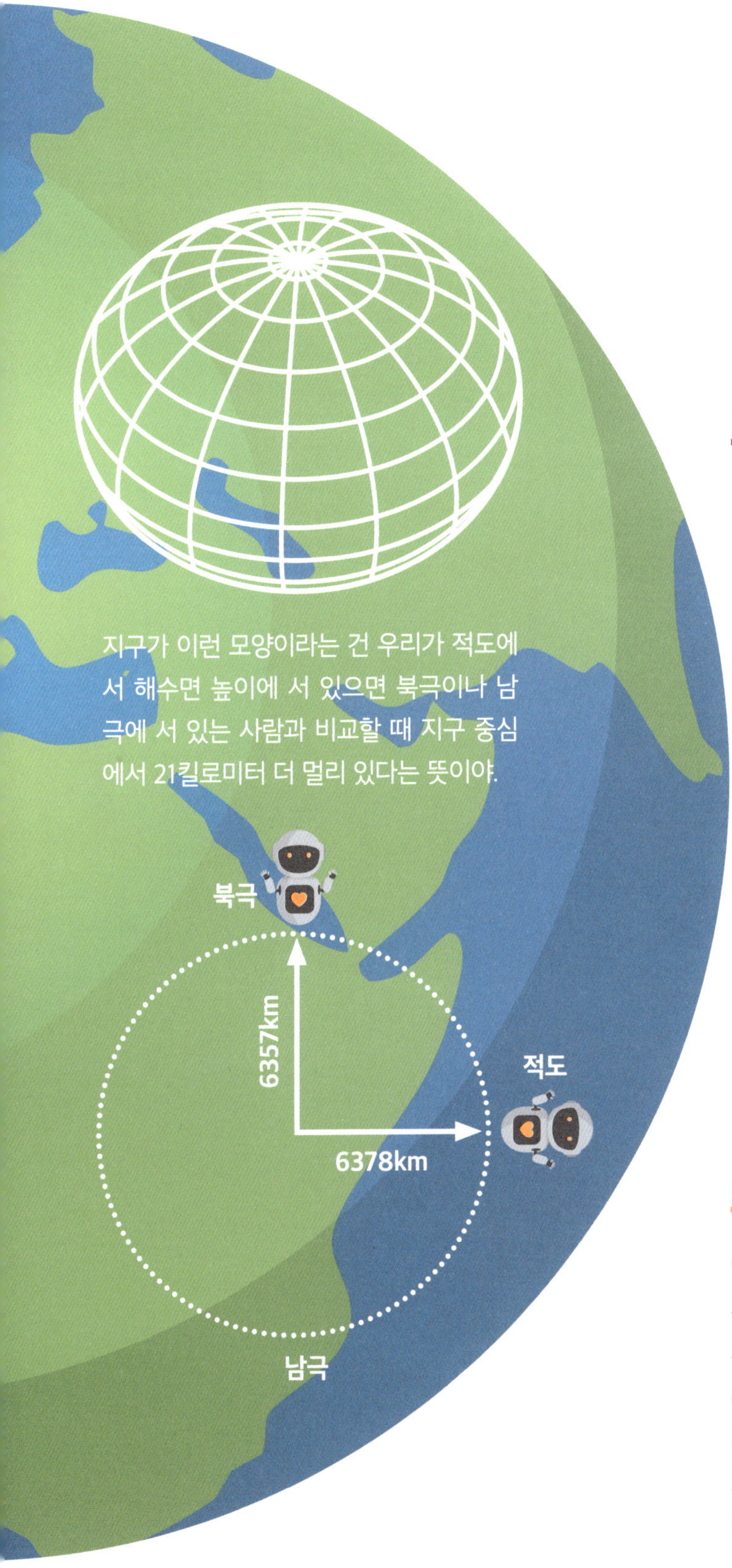

지구가 이런 모양이라는 건 우리가 적도에서 해수면 높이에 서 있으면 북극이나 남극에 서 있는 사람과 비교할 때 지구 중심에서 21킬로미터 더 멀리 있다는 뜻이야.

보라색 부분

지구는 오늘날 우리가 알다시피 파란색과 초록색이야. 하지만 과학자들은 수백만 년 전에는 지구가 진한 보라색이었을 수도 있다고 생각해! 고대의 미생물들이 태양으로부터 에너지를 얻기 위해 지금과는 다른 방법을 사용했고, 그래서 지구가 보라색으로 보였을 수 있다는 거지.

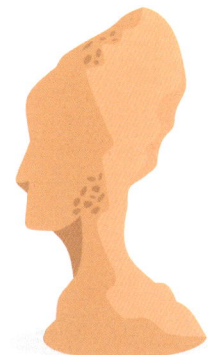

누가 누가 지었을까?

영어로 지구는 earth라고 해. 그런데 누가 지구의 이름을 이렇게 지었는지 아무도 몰라. 우리가 아는 건 이 이름이 영어의 'eor(th)e/ertha'와 독일어 'erde'의 조합에서 나왔다는 거야. 두 단어 모두 '땅'이라는 뜻이지. 지구는 또한 우리 태양계에서 그리스나 로마의 신들에서 이름을 따오지 않은 유일한 행성이야.

지구

지구에는 3조 그루의 나무가 있어

나무를 보려면 그리 멀리 쳐다볼 필요도 없어. 나무는 어디든지 있으니까. 심지어는 대도시처럼 전혀 예상치 못했던 곳에도 있어. 우리가 매일 보는 이 모든 나무는 사실 3조 그루 대가족의 일부야. 정확하게는 3조 410억 그루의 나무들이지. 즉 지구에 사는 사람 한 명당 나무가 400그루라는 말이야! 나무는 물을 정화하고, 공기 오염에 맞서 싸우고, 대기에서 탄소를 많이 제거하는 굉장히 어려운 일을 하고 있어. 이 모든 힘겨운 일에 더해서 나무는 곤충류, 거미류, 양서류, 파충류, 조류, 포유류를 포함한 수많은 동물의 집이기도 하지. 종으로서 나무는 3억 7000만 년 동안 지구에 살았고, 몇몇 나무들은 실제로 수천 살이나 돼! 지구상 그 어떤 것도 나무만큼 오래 산 건 없어.

키다리 버섯

지구는 45억 살이지만, 인생의 앞쪽 90% 기간의 동안에는 나무가 존재하지도 않았어! 나무 대신에 키가 무려 8미터까지 자라는 거대한 버섯들이 있었지!

가장 오래 산 나무는 9550살이야

스웨덴은 세계에서 가장 오래된 나무, 노르웨이 전나무인 올드티코의 고향이야. 이 할아버지 나무는 무성번식 나무로, 한 그루의 오래된 나무가 아니라 수천 년에 걸쳐서 새로운 몸통, 가지, 뿌리를 만들어왔어. 가장 오래된 한 그루 나무는 로키산맥에 있는 5062살 된 그레이트 베이슨 브리슬콘 소나무야.

> 가장 오래 산 나무는 스톤헨지와 대피라미드보다 수백 살이나 더 많아! 이 나무는 지구에서 가장 오래된 생명체야.

나이테

나무의 나이테는 우리에게 나무의 나이를 알려주지만, 그것만 알려주는 건 아니야! 이 고리들은 과거에 지구의 기후가 어땠는지, 심지어는 언제 화산이 폭발했는지도 말해줘. 정말 대단해!

이야기하는 나무

나무들은 서로 이야기를 해. 나무들은 토양의 균류라는 지하 네트워크를 통해서 양분을 공유하고 공기 중으로 화학 신호를 보내서 다가오는 곤충의 습격에 대해 서로에게 경고할 수도 있어.

지구

우리는 공룡들이 마셨던 것과 같은 물을 마시고 있어

다음에 차가운 물 한 잔을 마실 때면 잠깐 멈추고 약 6500만 년 전에 공룡들이 똑같은 물을 마셨다는 사실을 떠올려봐. 오늘날 지구상의 물은 항상 여기 있던 물과 완전히 똑같아. 40억 년 동안 계속 재활용되었던 거야! 물은 계속해서 움직이며 지구를 돌아다니고, 바다에서 대기 중으로, 다시 지구 표면으로, 끝없이 순환해. 처음 이 순환이 시작된 이래로 새로운 물이 전혀 만들어지지 않았고, 아주 소량만 우주로 증발했다고 추측해. 우리의 물은 우리와 함께 오랫동안 존재했고 앞으로도 오랫동안 우리와 함께 있을 거야.

외우주에서 왔어

45억 년 전에 소행성과 혜성에 물이 실린 채 나타났어.

생명의 물

사람은 보통 매년 1000리터의 물을 마셔. 음식을 안 먹고도 한 달 동안 살 수 있지만, 물이 없으면 겨우 일주일밖에 못 버틴다고.

사방에 물이야

1384km

지구 표면의 약 71%는 물이야. 지구에서 물을 전부 끄집어내서 커다란 공으로 만들면 지름이 아마 1384킬로미터쯤 될 거야.

살짝 짜

인간은 지구상에 있는 모든 물의 1%만 마실 수 있어. 지구의 물 중 97%는 너무 짜거나 마실 수가 없고, 나머지 2%는 빙하와 만년설에 갇혀 있거든.

지구에는 육지보다 국제 우주 정거장에 더 가까운 지역이 있어

남태평양에 문자 그대로 아무것도 없는 곳이 있어. 여기는 포인트 니모라고 하는데, 육지에서 가장 멀리 떨어진 바다 한가운데야. 정확하게 육지로부터 2688킬로미터 떨어져 있지. 하지만 쉽게 여행을 떠나고 싶은 곳은 아니야. 육지가 없고 그냥 물만 가득 있거든!

국제 우주 정거장이 지구 주위를 하루에 15번 도는 동안에 포인트 니모 바로 위를 평균 400킬로미터 높이에서 지나가. 이게 무슨 뜻이냐 하면, 그 순간에는 포인트 니모에서 육지까지보다 포인트 니모에서 국제 우주 정거장까지가 더 가깝다는 거지!

우주선의 무덤

포인트 니모는 동떨어져 있어서 우주의 쓰레기를 버리기에 딱 좋은 곳이야. 소련과 러시아의 퇴역 우주선 수백 대에 일본과 유럽의 우주선까지 전부 포인트 니모에 수장되었어. 그래서 이 외로운 장소에 '우주선 묘지'라는 별명이 붙었지.

어디서든 멀어

포인트 니모는 남위 48도 52.6분, 서경 123도 23.6분에 있어. 여기는 남태평양에서 굉장히 고립된 지역이야. 북쪽으로는 사람이 살지 않는 작은 산호섬인 두시섬이 있고, 북동쪽으로는 이스터섬 바로 남쪽에 있는 3개의 작은 섬 중 제일 큰 모투누이가 있어. 그리고 남쪽으로는 남극 대륙의 일부인 눈 덮인 마헤르섬이 있지. 이 세 지점 사이에 다른 건 없고 오로지 바다뿐이야.

크기

포인트 니모의 넓이는 2240만 5411제곱킬로미터야. 현대사에서 가장 큰 나라였던 소련 전체보다도 더 커!

우르릉

포인트 니모는 블룹이 나오는 지역이기도 해. 블룹은 남극에서 얼음이 쪼개지는 소리인 아주 크고 엄청 저주파인 소리야. 블룹은 녹음된 해저 소리 중에서 가장 큰 소리 중 하나지.

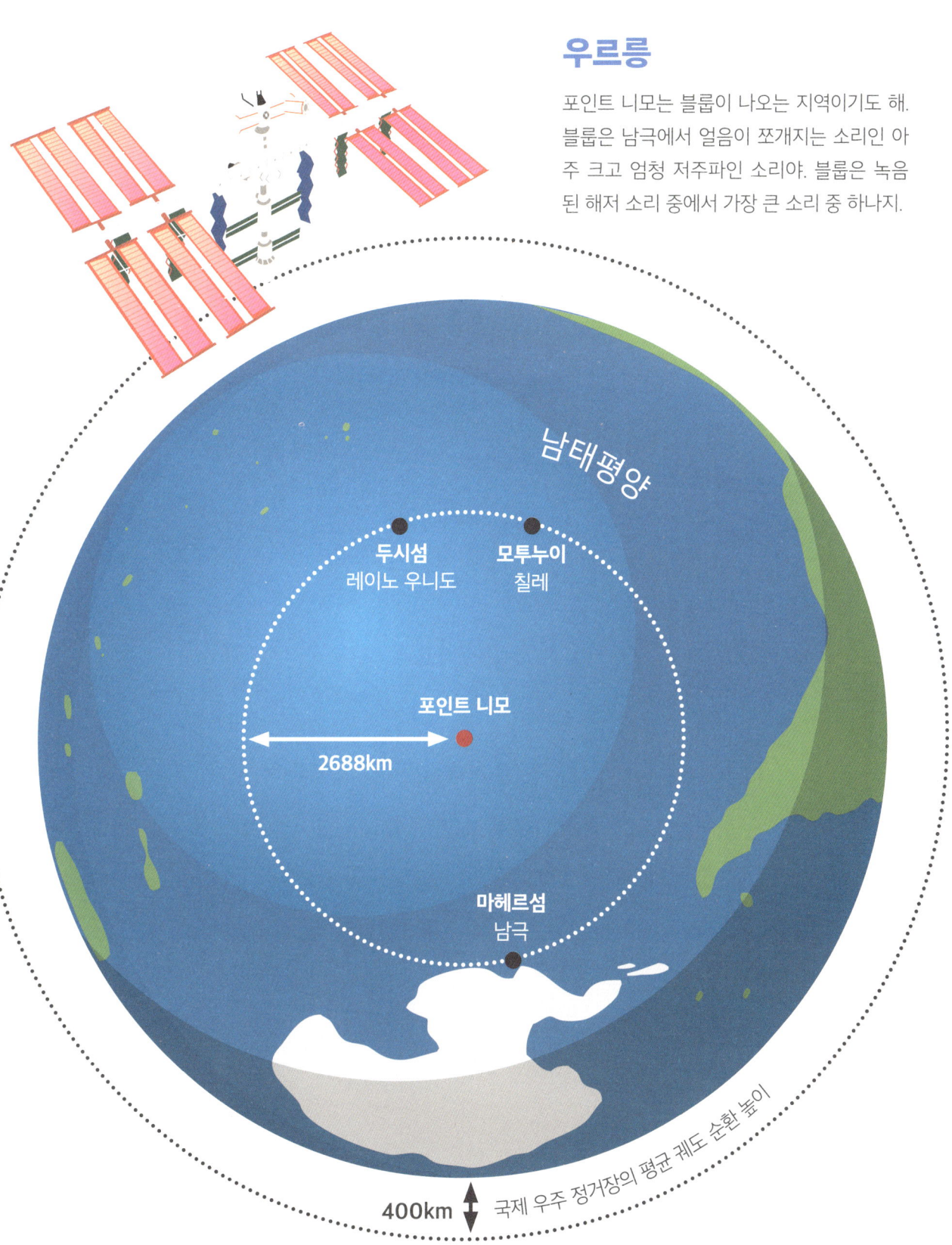

지구

같이 해볼까?
뭉게구름이 있는 맑은 날에 구름의 숫자를 세고 머리 위에서 보송보송한 모양을 만든 물의 부피가 얼마나 되는지 계산해봐.

뭉게구름의 무게는 50만 킬로그램이야

맑고 근사한 날에 잔디밭에 누워서 뭉게구름이 가득한 화창한 파란 하늘을 바라보는 걸 상상해봐. 구름은 아이스크림처럼 보이다가 잠시 후에는 얼굴이나 동물 모양처럼 바뀌지.

우리가 보는 하늘 여기저기 있는 그 작고 하얀 구름들은 가볍고 보송보송해 보일지 모르지만, 실제로는 엄청나게 무거워! 그건 적운이라고 하는 건데, 무게가 평균 50만 킬로그램이나 나가!

뭉게구름뿐만 아니라 가늘고 긴 새털구름, 하늘 전체를 뒤덮은 커다란 회색 이불인 안개구름, 태풍 때 볼 수 있는 먹구름인 비구름 등도 있어.

모양을 바꿔

근사한 뭉게구름이 계속해서 모양을 바꾸는 건 그 주위를 둘러싼 공기 때문이야. 구름은 대기 온도에 영향을 받는데, 온도는 계속해서 바뀌거든. 바람이 많이 불 때면 구름은 이리저리 밀리고 당겨져서 그 환상적이고 다양한 모양을 만들어.

날아다니는 코끼리

적운의 무게를 좀더 이해하기 쉽게 설명해볼게. 50만 킬로그램이라는 건 코끼리 100마리의 무게와 똑같아!

공중에 둥둥

구름은 물로 만들어졌고, 물은 공기보다 무거워. 그러면 어떻게 구름이 떠 있는 걸까? 대부분의 구름이 대량의 물을 갖고 있긴 하지만, 물은 아주 넓은 공간에 아주아주 작은 입자나 결정 형태로 퍼져 있어. 그건 굉장히 작아서 중력이 거의 영향을 주지 못해.

지구

아마존강엔 다리가 없어

남아메리카의 아마존강은 세계에서 가장 긴 강이야. 이 강은 가이아나, 에콰도르, 베네수엘라, 볼리비아, 브라질, 콜롬비아, 페루를 통과하고, 길이가 6575킬로미터에 달해! 아마존은 환상적인 정글로 둘러싸여 있고, 숨 막힐 정도로 아름다운 폭포와 세계에서 가장 큰 강돌고래들이 많이 있어. 하지만 아마존이 갖고 있지 않은 것 하나는 바로 다리야. 단 하나도 없어! 강 이쪽에서 저쪽으로 건너가려면, 배를 타야 해.

비가 오면

우기 때는 강 높이가 최대 10미터까지 올라오고 어떤 곳은 폭이 190킬로미터에 달할 때도 있다고 해. 강둑은 계속해서 침식되고 있어서 다리 건설을 계획한 적이 있는 모든 엔지니어에게 악몽을 꾸게 만들 정도지.

물속은 위험해

아마존에서는 강물에 들어가는 걸 권하지 않아. 피라냐 서식지거든. 육식 물고기지! 피라냐는 물에 들어오게 된 어떤 불행한 동물이든 다 집단으로 공격하기로 유명해!

외딴 곳

다리가 없는 또 다른 이유는 아마존에 다리가 필요가 없기 때문이야. 강의 대부분 구역은 몇몇 대도시를 제외하면 거의 사람이 살지 않는 빽빽한 숲을 따라 흘러. 그리고 이 지역을 여행하는 사람들이라면 주로 강을 이용하게 마련이지.

초록뱀

아마존에서 피해야 하는 육식동물은 피라냐만이 아니야. 이 강은 세계에서 가장 무거운 뱀인 그린아나콘다의 집이기도 해. 녀석들은 길이가 약 10미터까지 자라고, 둘레는 90~115센티미터, 무게는 120킬로그램까지 늘어나.

지구

구상 번개가 집 안으로 불쑥 들어올 수도 있어

지구상의 모든 자연현상 중에서 전기가 주변으로 덩굴처럼 흘러나오는 작고 빛나는 구체인 구상 번개는 가장 큰 수수께끼 중 하나야. 이 기묘한 전기 구슬은 폭풍우가 치기 전후에 종종 나타나고, 가끔은 번개가 치는 몇 초 사이에 나타나기도 하지만 보통은 번개랑은 별 관계가 없어. 이 빛나는 구체는 허공에서 걷는 속도로 움직이다가 처음 나타나고 대략 10초 후에 사라져. 이걸로도 신기하지 않다면, 이 구체가 닫히거나 열린 창문을 통해서 건물로 들어가거나 가끔은 그냥 실내에서 나타났다는 이야기도 있어. 이런 게 너희 집 안에 나타난다고 상상해봐!

타오르는 의문

실내의 구상 번개에 관해서는 수수께끼가 너무 많아. 무엇 때문에 나타나는 걸까? 어떻게, 왜 바람 방향과 반대로 움직이는 걸까? 왜 이게 나타나도 실내 환경에 해가 없는 걸까? 지금으로서는 이 의문들에 대한 답을 모르지만 한 가지 가설을 들자면, 이 괴상한 구체는 번개가 아니라 실제로는 얇은 공기 구슬 안에 갇힌 빛이라는 거야.

비행기에서 잠수함까지

집 안에서 구상 번개를 보는 것보다 더 무서운 상황은 비행기나 잠수함 안에서 보는 걸 거야. 구상 번개는 수많은 엉뚱한 장소에서 목격되곤 했어. 심지어는 비행기 중앙 복도를 따라 움직이다가 승무원을 그대로 통과하는 장면이 목격된 적도 있다니까!

눈부신 빛

이 떠다니는 발광성 구체는 100와트 전구만큼 밝게 빛이 날 수 있고, 가끔 비치볼만큼 클 때도 있어.

지구

세계에서 가장 인구가 많은 도시는 도쿄(일본), 델리(인도), 상하이(중국), 상파울루(브라질), 멕시코시티(멕시코)야. 세계에서 인구가 가장 적은 도시는 훔(크로아티아)으로 겨우 30명이 살아.

이 원 안에 사는 사람 수가 원 바깥에 사는 사람 수보다 더 많아

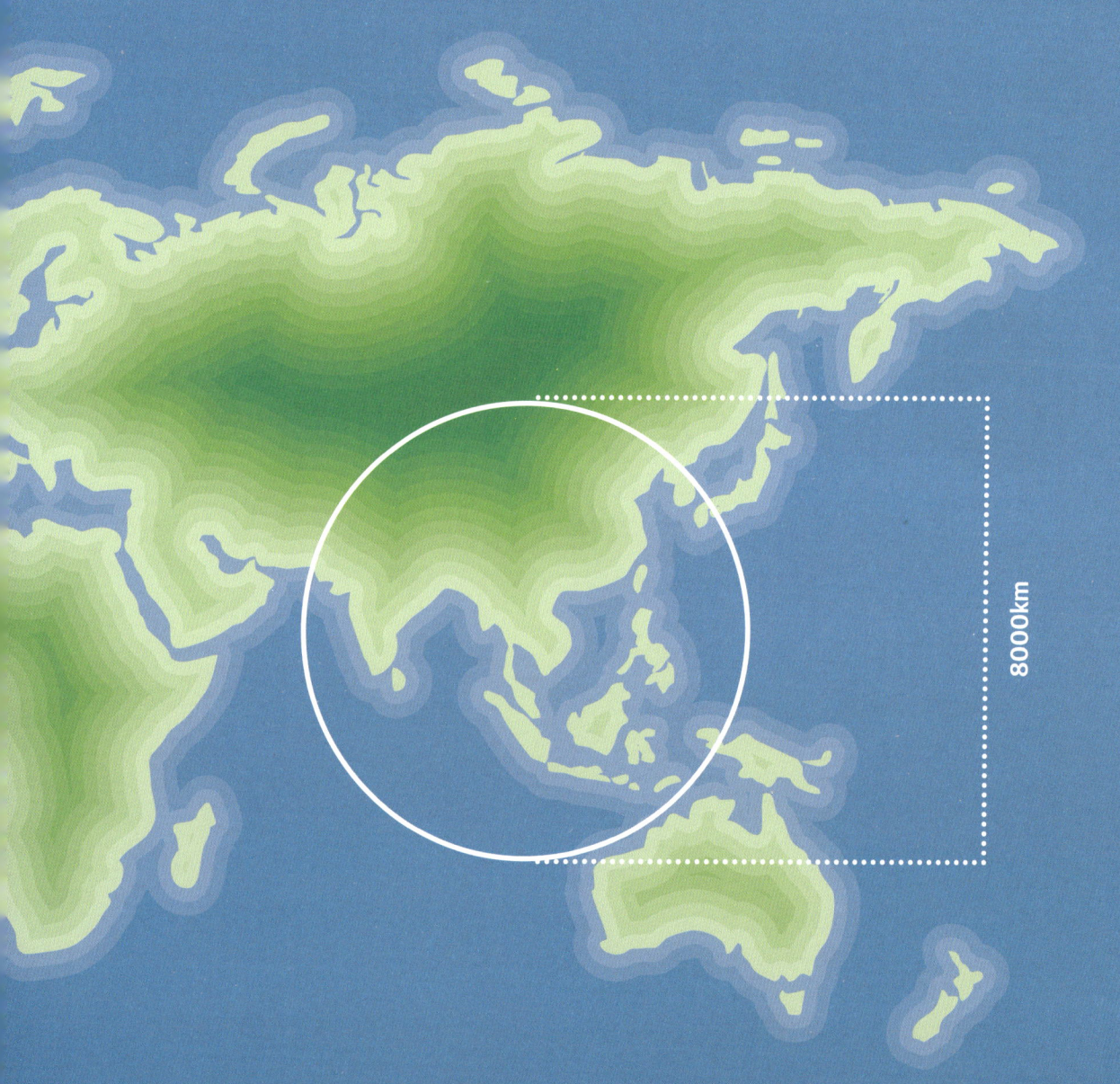

8000km

지구에 사는 사람은 78억 명이지만, 그 사람들이 모두 지구 위에 골고루 흩어져 사는 건 아니야. 사막보다는 해안가에 더 많이 살고, 지금은 도시를 집이라고 말하는 사람이 전보다 훨씬 많아.

인구의 절반 이상은 한 지역에 사는데, 여긴 지름이 겨우 8000킬로미터밖에 안 돼! 지도 위의 원 안에는 중국, 인도, 동남아시아 나라들을 포함한 21개 나라가 있어. 하지만 이 원은 지구 전체 육지 면적의 6분의 1밖에 되지 않지. 더 흥미로운 건 이 원 안에 세계에서 인구가 가장 많은 나라 중 하나인 인도네시아(인구수 세계 4위)가 있다는 건데, 이 나라의 땅은 대부분 물로 덮여 있어. 세계에서 섬이 가장 많은 나라지.

지구

45억 년 전 　　　**40억** 년 전 　　　　　　　**30억** 년 전

45억 4300만 년 전
지구가 탄생했어.

35억 년 전
가장 오래된 생명체의 증거가 세균과 단세포 유기체의 형태로 나타났어.

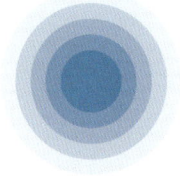

24억 5000만 년 전
지구에 산소가 많은 대기가 생기기 시작했어.

45억 1000만 년 전
달이 탄생했어.

인간은 지구 역사에서 1%도 안 되는 기간만 존재했어

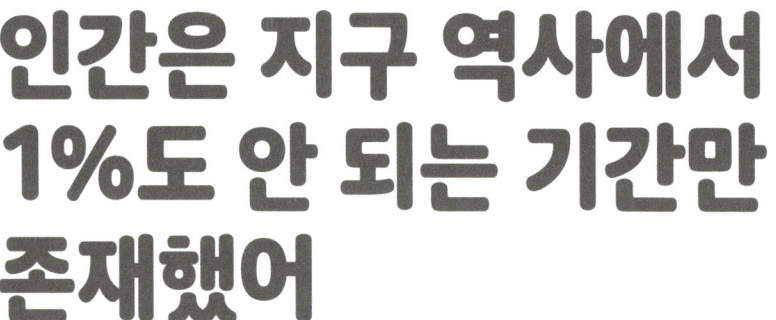

20억 년 전　　　　　**10억 년 전**　　　　　**오늘날**

21억 년 전
원생생물이 나타났어. 이건 미소한 단세포 유기체인데, 식물도, 동물도, 세균도, 균류도 아닌 유기체를 정의하는 말이야.

오늘날
지구에 인간이 걸어다녀.

2억 4000만 년 전
지구에 공룡이 돌아다녀.

5억 2000만 년 전
바다에 갑각류가 나타났어.

10억 년 전
식물과 균류가 나타났어.

팔을 양옆으로 쭉 펼치고서 한쪽 손가락 끝부터 다른 쪽 손가락 끝까지의 거리가 지구의 전체 역사를 의미한다고 생각해봐. 지구가 탄생하는 걸 포함해서 지구상에서 일어난 모든 일이 왼손 손가락 끝부터 오른손 손가락 끝 안에 들어간다고 해봐. 이 연대표에는 최초의 원시 단세포 생명체의 발생부터 공룡의 존재, 결국에는 인류의 탄생까지 다 들어가! 이 모든 일이 45억 4300만 년 동안 일어난 거야. 그리고 손톱깎이를 꺼내서 제일 끝 손가락의 손톱을 살짝 자르면, 인류 역사 전부가 날아가버리는 셈이야.

지구

지구상에 존재했던 모든 생명체의 99.9%는 현재 멸종했어

생명체는 지구를 사랑해. 우리는 오늘날 지구 전역에서 풍부한 생명체를 볼 뿐만 아니라 고생물학자들이 바쁘게 식물과 동물의 유해를 연구해서 오래전에 살았던 종들을 계속해서 새롭게 발견하고 있어. 공룡을 발굴하는 건 어려운 일이지만, 고생물학자들은 계속 노력 중이야! 그들은 일이 떨어질 날이 없을 거야. 현재 살아 있는 생물종의 숫자는 전에 지구에서 진화하고, 살았고, 그후 멸종하게 된 생물종의 극히 일부일 뿐이니까.

파헤쳐

고생물학자들은 대부분의 생물종들이 100만 년에서 1100만 년 동안만 존재하는 편이라고 말할 거야. 현대 인간은 지금까지의 연구로는 20만 년 정도 존재했대.

우주의 사형 선고

약간 걱정스러운 일인데, 지구 역사에서는 다섯 번의 대멸종이 있었어. 생물종이 죽는 유일한 이유는 노화만이 아닌 것 같아.

최초의 대멸종은 4억 4400만 년 전이었고, 지구가 얼어붙으면서 생물의 85%가 죽었어.

두 번째는 3억 7500만 년 전에 일어났어. 산소가 물에서 없어지는 바람에 모든 생물의 75%가 질식사했지. 조류 대증식 때문이었을 거래.

가장 큰 대멸종은 약 2억 5000만 년 전에 일어났어. 기온이 솟구쳐서 바다가 산성화되고 흐름이 느려지면서 지구상 모든 생물의 무려 96%가 절멸했어.

수수께끼의 네 번째 대멸종은 2억 년 전 일이야. 이때 생명의 80%가 멸종한 것에 대한 명확한 이유는 아직 밝혀지지 않았어.

공룡은 가장 최근의 대멸종으로 사라졌는데, 겨우 6500만 년 전이었어. 과학자들은 지구에 떨어진 커다란 운석 때문이라고 거의 확신해. 이로 인해 생물의 76%가 죽었어.

다음 대멸종?

우리는 실제로 여섯 번째 대멸종의 한가운데에 있는지도 몰라. 과학자들은 식물, 곤충, 조류, 포유류 150~200종이 매일 사라지고 있다고 믿어. 이 멸종 속도는 공룡이 사라진 이래로 지구가 경험한 멸종 중에서 가장 빠르고 거대해!

사라져가는 생명들

인간의 활동은 이제 직접적으로 멸종에 영향을 미쳐. 우린 1970년대 이후로 동물의 60%가 사라지는 걸 보아왔어. 세계의 환경 전문가들은 야생동물의 절멸이 우리 지구의 미래를 위협하는 긴급 상황이라고 경고하고 있어.

지구

지구가 사과라면, 우리는 아직 껍질까지만 도달했어

인간은 지구 표면 안쪽으로 별로 깊이 들어가지 못했어. 지구를 사과 크기로 줄인다면, 지각은 껍질만큼 얇을 거야. 우리는 사과 크기의 지구를 아직 제대로 깨물지 못한 정도가 아니라 껍질조차 다 뚫지 못한 거야!

지구를 관통하자

지구를 완전히 뚫는 구멍이 있다면, 한쪽에서 반대쪽까지 낙하하는 데 42분이 걸릴 거야. 그리고 속도는 시속 2만 8440킬로미터에 달할 거야. 공기 저항과 극단적인 열기를 무시한다면 말이지. 와!

42분은 축구 경기 절반이나 TV 드라마 한 편 정도의 시간이야! 지구를 통과해서 떨어지는 동안 좀 지루할 수도 있을 만큼 긴 시간이지.

껍질 벗기기

지구는 하나의 커다란 고체 암석으로 만들어졌을 것 같지만, 실제로는 여러 개의 구형 껍질로 이루어져 있고 그중 몇 개는 계속해서 움직여!

지각

지구 표면은 가장 얇은 층인 지각으로 덮여 있어. 지각은 지구 부피의 1%도 안 되는 양이야. 지각층은 두께 5킬로미터인 해저 지각부터 70킬로미터 두께의 대륙 지각에 이르기까지 다양해. 인간은 대륙 지각 위에 살고 있어.

맨틀

지구 부피의 약 48%를 차지해. 맨틀은 대부분 고체지만 점성 유체처럼 움직이고, 그 두께는 2900킬로미터 정도야.

외핵

외핵은 지구에서 유일하게 액체로 된 층이고, 두께는 2300킬로미터야. 외핵은 지구 부피의 약 15%를 차지하고, 지구를 보호하는 자기장을 만들어.

내핵

내핵의 두께는 1230킬로미터에서 1530킬로미터 사이고, 지구 부피에서 1% 미만을 차지해!

깊이 파기

소련(15개 공화국의 다민족으로 이루어진 최초의 사회주의 국가. 1917년에 혁명과 함께 생겨나서 1991년에 해체되었음)의 어느 그룹이 얼마나 깊은 구멍을 팔 수 있는지 알아보기 위해서 구멍을 파기 시작했어. 약 20년 동안 계속해서 판 끝에 그들은 겨우 12킬로미터 깊이에 도달했어. 그건 지구 지름의 0.1% 정도야.

지구

마리아나 해구는 에베레스트산 높이보다 더 깊어

아귀 200m

지구 표면에서 자연적으로 가장 깊은 지역은 마리아나 해구 바닥이야. 서부 태평양에 위치한 이 해구의 최고 깊이는 1만 1034미터지.

만약에 에베레스트산을 해구에 떨어뜨리면, 위쪽으로 해수면까지 2킬로미터 조금 넘게 남기고 편안하게 자리를 잡을 거야. 지금까지는 겨우 8명만 마리아나 해구 바닥까지 가봤어. 하지만 에베레스트산 꼭대기에 도달한 사람은 4000명이 넘어! 마리아나 해구 바닥까지 도달한 사람 중에는 1960년에 잠수정을 타고 내려간 해양 사진작가 돈 월시와 자크 피카르도 있어.

2012년에 캐나다인 영화감독 제임스 캐머런이 해구 바닥까지 내려갔고, 좀 더 최근에는 전 우주 비행사 캐시 설리번이 내려갔지.

캐시 설리번에 관한 놀라운 사실이 있어. 25년 전에 그가 미국에서 우주를 유영한 최초의 여성이었다는 사실이야. 완전 전설이지!

어둠 속에서

빛은 바닷속 1000미터까지밖에 들어갈 수 없어. 겨우 200미터 아래로만 내려가도 빛은 훨씬 약해지고, 거기서 더 깊이 가면 점점 더 어두워지다가 거의 빛이 없는 상태가 되지.

74

지구

지구는 한때 눈덩이였어

우리 모두 따뜻한 옷을 껴입고, 모직 모자를 쓰고, 목도리를 하고, 심지어는 장갑까지 꼭꼭 끼게 만드는 추운 날씨를 겪어본 적이 있지? 이제 지금까지 겪어본 그 제일 추운 날씨가 더 추워지고, 그다음에 1억 2000만 년 동안 거기 틀어박혀 있어야 한다고 상상해봐! 그게 바로 7억 5000만 년 전에 지구에 일어났던 일이야! 우리 지구는 생명이 가득한 따뜻한 물로 덮인 열대의 낙원이었다가 차가운 황무지와 얼음이 덮인 땅 위로 바람이 쌩쌩 부는 불모의 눈덩이로 변했어. 휘잉!

야생의 털북숭이

가장 최근 빙하기는 겨우 260만 년 전이었어. 그때 털북숭이 매머드가 탄생하고 지구에는 넓은 빙하가 가득했었어.

얼음처럼 차가워

지구의 45억 년 역사 속에서 과학자들은 최소한 다섯 번의 주요 빙하기가 있었다고 생각해.

휴로니안 빙기는 지구 역사에서 가장 긴 빙하기였고 24억 년 전부터 21억 년 전까지였어.

크라이오제니아 빙기는 8억 5000만 년 전부터 6억 3500만 년 전까지였어. 이 빙하기는 굉장히 추워서 적도까지 얼어붙을 정도였대!

안데스-사하라 빙기는 4억 6000만 년 전부터 4억 3000만 년 전까지였어.

카루 빙기는 3억 6000만 년 전부터 2억 6000만 년 전까지, 약 1억 년 동안 이어졌어.

제4빙기는 가장 최근이야. 250만 년 전에 시작해서 아직도 이어지고 있어! 우리는 지금 이 빙하기의 간빙기 단계에 있는 거야.

-20°C

7억 1500만 년 전 전통적으로 지구에서 가장 따뜻한 장소였던 적도의 평균 기온이 영하 20도였어. 오늘날 남극 기온이랑 똑같아!

> 우리가 간빙기에 있다는 건 지구가 더 따뜻한 기온을 즐기고 있다는 뜻이야. 간빙기는 수천 년쯤 지속되고, 그다음에는 다시 빙하기(커다란 빙상이 지구를 뒤덮는 시기 말이야)로 돌아가.

지구

지구에서 가장 큰 생명체는 버섯이야

미국 오리건에 있는 멀루어 국립공원에는 세계에서 가장 놀라운 현상 중 하나가 있어. 바로 버섯이야. 기생균류지. 아르밀라리아 오스토야에(잣뽕나무버섯)는 9.6제곱킬로미터가 넘는 지역을 점유하고 있고, 영양분을 빼앗기 위해서 다른 생명체들을 침범해. 게다가 아직도 자라고 있어서 세계에서 가장 큰 현존 생명체야!

지하로

아르밀라리아 오스토야에는 땅 위에서 자라는 뽕나무버섯을 만들어. 이 버섯은 근처의 식물로부터 영양분을 빨아먹는 아주 커다란 지하 실뿌리망의 지표면 꽃일 뿐이야.

먹고 자라고

기생 버섯이 수천 년에 걸쳐 자라는 동안 그 경로에 있는 나무나 관목은 전부 다 감염되어 죽고 먹히고 완전히 집어삼켜져. 이런 과정은 숲의 생태계에 아주 중요해. 버섯이 뒤에 남겨둔 빈자리에 다른 종이 들어오게 만들어주니까. 영양분 재활용도 장려해서 나무가 죽으면 토양으로 돌아가서 그 자리에서 자라는 다른 나무들에게 영양분을 공급해주지.

버섯은 2400살이야

> 9.6제곱킬로미터의 이 거대한 버섯이 얼마나 큰지 이해하고 싶으면, 축구장을 떠올려봐. 굉장히 크지? 이제 이런 축구장 1344개가 모두 붙어 있다고 상상해봐. 엄청나게 큰 버섯이지?

지구

존재하지 않는

인구가 겨우 50명인 나라가 있을 리 없다고 생각할지 모르겠지만, 시랜드 주민들은 거기에 동의하지 않을 거야. 이 작은 나라는 연안에 있는 제2차 세계대전 대공포 좌대고, 영국 서포크 해안에서 겨우 13킬로미터 떨어진 곳에 있어.

1967년에 로이 베이츠와 그 가족이 좌대를 차지하고서 좌대가 영국 영해 바깥에 있다는 불확실한 상태를 장난삼아 이용했어. 베이츠는 즉시 좌대를 독립 공국으로 선언하고, 초소형 국가를 설립함과 동시에 시랜드 정부를 만들었어. 그래서 세계에서 가장 작은 나라가 탄생한 거야! 하지만 시랜드는 다른 나라로부터 공식적으로 인정받은 건 아니야. 다들 시랜드의 존재를 인정하길 거부했거든.

나라도 있어

왕위를 물려줘

로이 베이츠는 시랜드 대공이라는 작위를 차지했고, 그와 가족들은 영국 본토로 돌아왔지만 계속해서 왕족으로서 좌대를 통치했어. 모든 왕족이 그러듯이 시랜드 통치자들은 부모에게서 자식으로 왕족 지위를 물려줬어. 그래서 지금은 로이의 아들 마이클이 시랜드 대공이야.

있을 건 다 있어

시랜드에는 나라로서 갖춰야 할 모든 것이 있어. 헌법, 국기, 화폐, 우표, 국가, 여권까지. 심지어는 자기네 축구팀도 있어!

침략자

1978년, 로이 대공은 무장집단이 쳐들어와 아들을 납치하는 바람에 침략자들에 맞서 나라를 지켜야 했어! 로이는 공격을 지시한 남자의 변호사를 납치해 나라를 되찾고 아들을 풀어줄 수 있었지.

지구

지구는 우리처럼 살아 있는지도 몰라

지구와 그 위의 모든 생명체들이 서로 분리된 존재가 아니라 전부 하나의 존재로서 행동하고, 생물과 무생물들이 완벽하게 조화되어 함께 작용한다고 상상해봐. 인간과 다른 모든 생물들이 지구의 평범한 거주자가 아니라 지구 그 자체라고 상상해봐!

이런 이론상의 초생명체를 가이아 이론이라고 해. 황당한 소리 같을 수도 있지만, 새나 벌, 우리 주위의 모든 사람처럼 살아 있는 행성이라는 개념은 굉장히 흥미롭지 않아?

같이 해볼까?
집에서 씨앗을 심어봐. 그리고 꾸준히 흙에 물을 주고 적당량의 햇빛을 쬐이주는 것만으로 어떻게 씨앗이 싹이 터서 크고 강하게 자라나는지 관찰해봐.

기묘한 것들

가이아 이론은 지구의 이상한 특징 몇 가지를 설명해줄 수 있어. 왜 바다가 훨씬 더 짜지 않은 건지, 왜 대기가 거의 다 이산화탄소로 이루어지지 않은 건지 등등을 말이야.

똑똑한 뇌

가이아 이론이 진짜라면, 인간은 지구의 뇌나 의식에 해당할 거야. 우리가 지구에게 지구가 살아 있다는 걸 깨닫게 만들 수도 있어!

거대한 생명체

가이아 이론을 믿는다면, 지구의 모든 식물과 동물, 곤충들은 생물권의 화학적 상태를 통제하는 방향으로 진화하게 될 거야. 공기와 물, 토양은 거대한 하나의 생명체의 주요 구성성분이 되겠지.

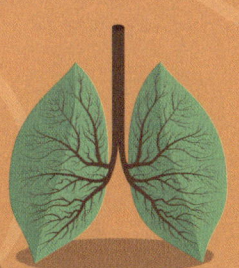

숨을 들이켜

지구는 숨을 쉬고, 땀을 흘리고, 변화하고 있어! 끊임없이 이 지구의 공기와 물, 암석을 소비하고 보충하는 문자 그대로 수백만 마리의 생물체가 있어. 지구의 모든 것들은 다 함께 자라나고 변화하고 있지.

지구

우주에서 지구를 보면 네 생각은 완전히 바뀔 거야

우주에 가서 지구의 전체 모습을 본 수백 명의 사람들 중에서 다수가 고향별을 내려다보는 기분이 엄청나게 가슴 뭉클하고 생각을 거의 신비주의적으로 바꿔놓았다고 말했어. 이런 경험을 '조망 효과'라고 해. 이 우주 여행자들은 지구가 생명체를 부양하는 대기로 가득하고 거기 사는 모든 사람이 공유하는 하나의 행성이라는 걸 볼 수 있었어. 우주에 있는 우리 모두의 집인 거지.

1968년에 달 표면이 앞에 있고 그 뒤로 새카만 우주 한가운데 떠 있는 지구의 사진이 처음으로 촬영됐어. 이 상징적인 사진은 아폴로 8호 안에서 찍혔고 '지구돋이Earthrise'라는 이름이 붙었지. 이건 종종 지금까지 찍힌 사진 중에서 가장 영향력 있는 환경 사진이라고 해.

연약한 지구

우주에서 지구를 내려다보며 새로운 관점에서 이 근사하고 아름다운 행성을 목격한 우주 비행사들은 종종 지구를 살아 숨 쉬는 생명체로 이야기하곤 해. 우주 비행사들은 또 지구가 굉장히 연약해 보인다고 그래. 차가운 우주의 공백으로부터 우리를 지켜주는 유일한 방벽이 백지장처럼 얇은 대기뿐이거든.

우주의 시선

우주 비행사들은 우주적 시야를 갖는 행운을 얻었어. 그들은 지구를 행성으로, 태양을 눈부신 백색성으로 볼 수 있으니까. 여기 지구에서 우리는 파란 하늘에 노란 태양을 보지만, 저 위에서 태양의 백색광은 우주의 검은색을 배경으로 분명하게 보여.

찾아보기

ㄱ

가이아 이론 82 83
게오르기움 시두스 43
고요의 바다 17
고체 로켓 부스터 21
공기 구슬 65
관측 가능한 우주 34
광속 19
구상 번개 64 65
국제 우주 정거장(ISS) 20 22 23 58
궤도선 20 21
균류 55 69 78
균류 55 69 78
금성 32 33 39 47

ㄴ

나이테 55
남반구 16 17
내핵 73

ㄷ

대멸종 71
대증식 71

ㄹ

루시 45

ㅁ

매리너스 협곡 31
맨틀 73
명왕성 27
모행성 25
목성 18 20 25 32 33 39 46
무성번식 55
뭉게구름 61
미국 항공 우주국(NASA) 20 23 31 33 36

ㅂ

백색성 85
보이저 2호 42
북반구 16 17
블랙홀 14 15 29
블랙홀 14 15 29
블롭 59
비구름 61
빠른 전파 폭발(Fast Radio Burst, FRB) 41

ㅅ

새털구름 61
세균 68 69
소행성 25 38 39 57
수성 32 33 39

ㅇ

아르밀라리아 오스토야에((잣뽕나무버섯) 78 79
아마존 62 63
아폴로 11호 36 37
안개구름 61
안데스-사하라 빙기 77
안드로메다은하 35
알려진 우주 34
엔켈라두스 27

올드티코 55
왜행성 27 39 45
외우주 57
외핵 73
우라누스 43
우리은하 12-15
우주 왕복선 20 21
우주선 묘지 58
우주의 징 45
원심력 52
위성(달) 20 24
이글 37
이오 25
인력 47 50 52

ㅈ

자기장 30 47
자남극 30
자북극 30
적운 60
제4빙기 77
조망 효과 84
중력 14 15 22 24-28 61
중성자별 41
지각 52 73
지구돋이 85

ㅊ

천왕성 33 42 43
칙술루브 충돌구 39

ㅋ

카루 빙기 77
컬리난 다이아몬드 44
코로나 비 47
크라이오제니아 빙기 77

ㅌ

타이탄 24 47
태양계 19 24 25 26 28 32 33 39 46 47 53
태양비 47
토성 24 27 33 46 47
트리톤 25

ㅍ

편구 52
프록시마 35
플라스마 19 42 47
피라냐 63

ㅎ

항성(별) 15 24
해왕성 25 28 33 46
행성 24-34 42 43 46 47 52 53 82 84 85
혜성 67P 27
화성 18 26 30 32 33 39 47
휴로니안 빙기 77

A

BPM 37093 44 45
FRB 180916.J0158+65 41
IC 1101 13

잘 가

재미있게 읽었어?
머릿속에서 환상적인 새로운 사실들과
숫자들이 펄쩍펄쩍 날뛰고 있어?
모든 걸 다 이해하지 못한다 해도 걱정하지 마.
공부할 때 가장 멋진 게 바로 이런 거니까.
가끔은 이해하는 데 시간이 걸려도,
언제나 노력할 만한 가치가 있거든!

우리가 사는 우주에는 늘 새로운 배울 거리가 있어.
그러니까 눈과 귀를 항상 열어둬.
뭔가 새롭고 근사한 걸 발견한다면,
다른 사람에게도 꼭 이야기해주길 바라.

그럼 우선은 작별이야. 안녕.

지음 댄 마샬

댄은 어릴 때부터 그림을 그려왔으며, 창의적인 그래픽디자인과 삽화로 지식과 정보를 시각적으로 전달하는 작가예요. 그의 작업물은 시드니 오페라 하우스, 오스트레일리아 박물관, 페이스북 등에서 사용되었어요.
댄의 첫 번째 책은 《Mind Blown》이에요. 이 책은 그래픽디자인으로 기묘하고 복잡한 우주의 주제를 표현한 댄의 깊은 호기심과 열정 덕에 많은 사람에게 인기를 끌었어요. 댄의 두 번째 책은 0세부터 3세 어린이를 위한 《Look Book》이고, 《우주에는 환상적인 사실과 숫자들이 날뛰고 있어!》는 댄이 지은 세 번째 책이랍니다.

옮김 김지원

서울대학교 화학생물공학부와 동대학원을 졸업하고 서울대학교 언어교육원 강사로 재직했으며, 현재 전문 번역가 겸 작가로 활동하고 있어요.
옮긴 책으로 《벨 그린》, 《모든 것에 화학이 있다》, 《어쩌다 숲》, 《산책자를 위한 자연수업 1·2》, 《동물의 운동 능력에 관한 거의 모든 것》, 《잘못은 우리 별에 있어》 등이 있고, 엮은 책으로는 《바다기담》과 《세계사를 움직인 100인》 등이 있어요.

우주에는 환상적인 사실과 숫자들이 날뛰고 있어! ❶

초판 1쇄 발행 2024년 1월 3일

지은이 **댄 마샬**   옮긴이 **김지원**
펴낸이 **정미화**   기획편집 **정미화 정일웅**   디자인 **조수정**
펴낸곳 **이케이북㈜**   출판등록 제2013-000020호   주소 서울시 관악구 신원로 35, 913호
전화 **02-2038-3419**   팩스 0505-320-1010   홈페이지 ekbook.co.kr   전자우편 ekbooks@naver.com

ISBN 979-11-86222-54-6 74400
　　　979-11-86222-53-9 (세트)

* 이 책은 저작권법에 따라 보호받는 저작물이므로 무단 전재와 복제를 금합니다.
* 이 책의 일부 또는 전부를 이용하려면 저작권자와 이케이북㈜의 동의를 받아야 합니다.
* 잘못된 책은 구입하신 곳에서 바꿔드립니다.

홀리와 밀리, 위니를 위해서
사랑한다

우주에는 환상적인 사실과 숫자들이 날뛰고 있어!

① 우주와 지구 ② 인간과 동물 ③ 과학과 수학

로봇 조수 클라우스와 함께 떠나는 우주 발견 여행

우리 주변의 기이하고 경이로운 이야기

우리가 사는 세상을 이해하기 위해서는
어마어마하게 놀라운 상상력과 우주보다 더 큰 숫자들이 필요해!

너 혹시 알아…?
천왕성은 우주로 기체를 뿜어낸다는 걸?
하품은 평균 6초 동안 한다는 걸?
지구에 3조 그루가 넘는 나무가 있다는 걸?
거미의 줄은 강철보다 다섯 배 더 강하다는 걸?
자전거가 혼자서 갈 수 있다는 걸?

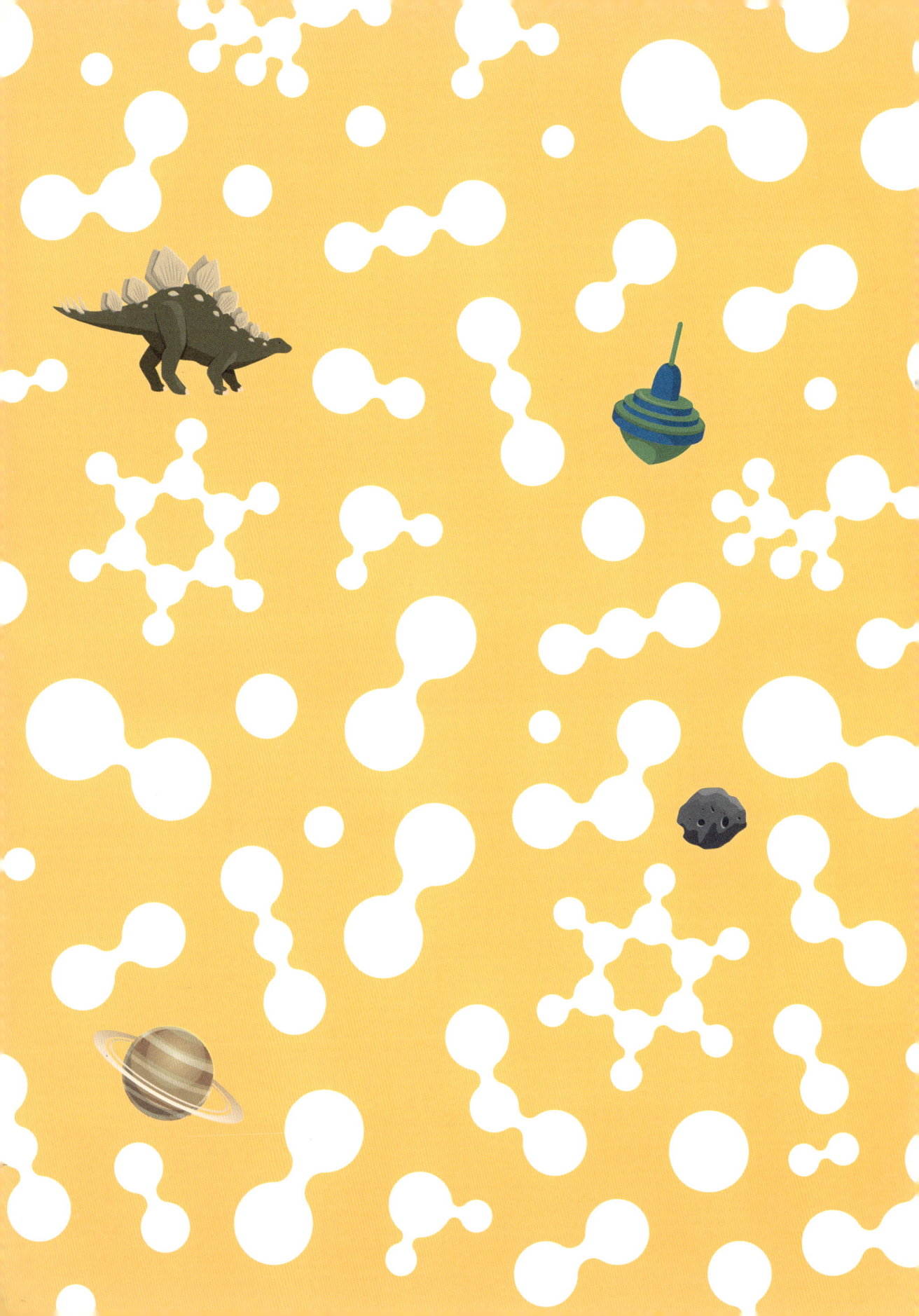